Richard Lechner
Schwarzgeld, Nummernkonten und andere Steuerlügen

Richard Lechner

Schwarzgeld, Nummernkonten und andere Steuerlügen

Die tägliche Praxis eines Steuerberaters

orell füssli Verlag

Umschlaggestaltung: Hauptmann & Kompanie Werbeagentur, Zürich
Druck: CPI – Ebner & Spiegel, Ulm

ISBN 978-3-280-05560-1

Bibliografische Information der Deutschen Nationalbibliothek: Die Deutsche Nationalbibliothek verzeichnet diese Publikation in der Deutschen Nationalbibliografie; detaillierte bibliografische Daten sind im Internet über http://dnb.d-nb.de abrufbar.

Inhalt

Als Steuerberater in Deutschland bin ich gemäß § 57 Abs. 1 Steuerberatungsgesetz der Schweigepflicht unterworfen. Durch eine Offenlegung aller tatsächlichen Beteiligten in den von mir präsentierten Begebenheiten würde ich mich gemäß § 203 Abs. 1 Nr. 3 Strafgesetzbuch strafbar machen. Um die Anonymität der Beteiligten zu wahren und meine Mandanten, Kollegen und mich zu schützen, wurden alle Geschichten geändert. Die Änderungen reichen dabei von einem einfachen Branchenwechsel über neue Namen und Berufe bis zu einer kompletten zeitlichen Verlagerung. Dinge, die ich in meiner Zeit bei einer großen Steuerberatungsgesellschaft erlebt habe, spielen im Buch zeitlich nach der Eröffnung meiner Kanzlei und umgekehrt. Hin und wieder gebe ich vor, Dinge erlebt zu haben, die Kollegen passiert sind – aber ich schreibe auch Kollegen Geschichten zu, die mir passiert sind.

Insgesamt wurde alles getan, um eine Aufdeckung unmöglich zu machen. Was ich aber versichern kann: Alles, was Sie in diesem Buch lesen, hat sich ereignet.

Vorwort

Der Beruf des Steuerberaters ist landläufig als dröge und langweilig verschrien. Das liegt zu einem gewissen Teil an uns Steuerberatern – wir sind manchmal einfach die »Spaßbremsen« vom Dienst. Zum anderen liegt das auch an den Umständen, unter denen wir arbeiten.

Wir sind täglich mit Zahlen, Vorschriften und Gesetzestexten konfrontiert: nichts, was als spannend gelten könnte.

Als Steuerberater habe ich mich 25 Jahre lang mit allen Facetten des Steuerrechts intensiv auseinandergesetzt. Langeweile kam dabei nie auf, denn der Steuerberaterberuf ist vielfältig wie kein zweiter.

Das Interessante ist das, was zwischen den Zahlen, Vorschriften und Gesetzen passiert. Hier bekommt man alles geboten, was es an zwischenmenschlicher Dynamik zu erleben gibt. Die Anforderungen, die sich an einen Steuerberater stellen, sind deshalb vielfältig:

Steuerberater müssen Psychologen sein. Wir retten Paare vor der Scheidung und führen sie wieder zusammen oder schützen Familien vor dem Ruin und damit dem kompletten Zusammenbruch.

Steuerberater sind auch Detektive. Die Abende und Nächte, die ich im Auto sitzend verbracht habe, um Angestellten auf die Spur zu kommen, die ihren Chef betrügen, kann ich nicht mehr zählen.

Natürlich sind Steuerberater auch Juristen. Unter Zuhilfenahme aller möglichen juristischen Winkelzüge pauken wir unsere Mandanten aus den verfahrensten Situationen heraus, die das deutsche Steuerrecht zu bieten hat.

Letztendlich sind Steuerberater aber auch Pokerspieler. Um seine Mandanten zu retten, muss man manchmal bluffen – dabei muss man aber genau wissen, wann das notwendig und möglich ist.

Steuerberater haben eine Leidenschaft: die Mandanten. Unsere Mandanten vertrauen uns. Sie legen uns ihre Bücher offen und geben uns damit einen tiefen Einblick in ihr Leben und das, was darin wichtig ist. Ich war über die Jahre für verschiedenste Mandanten tätig: Top-Unternehmer, Schauspieler, Musiker, Business-Speaker, Unternehmer aus dem Mittelstand und ganz normale Lohnsteuerkartenbeschäftigte. Dabei sind mir manche Muster aufgefallen, die meine Mandanten scheitern oder in Bedrängnis kommen ließen.

Im steuerlichen Prozess gibt es bestimmte Personen, mit denen meine Mandanten und ich immer wieder zu tun haben. Diese lassen sich sehr genau in Gruppen unterteilen. Jede dieser Gruppen hat unterschiedliche Auswirkungen auf das Steuerergebnis meiner Mandanten oder deren wirtschaftliche Sicherheit und Überleben. Genau diese Gruppen und die kriminelle Energie, mit der sie teilweise handeln, sind Thema dieses Buches.

Die erste Gruppe sind die Steuerfahnder und Finanzbeamten. Von Berufs wegen können sie ein Lied von der im deutschen Steuersystem allgegenwärtigen kriminellen Energie singen.

Im Visier der Steuerfahndung

Es hatte drei Tage in Folge geregnet. Eigentlich hätte das meinen Mandanten Peter Heuser schon stutzig machen sollen: Seit knapp einer Woche saß ein unscheinbar aussehender Herr regelmäßig von 12 bis 13 Uhr auf der Parkbank, die sich auf einem Platz gegenüber Heusers Feinkostverkaufswagen befand, und schien dort seine Mittagspause zu verbringen. Der Herr auf der Parkbank harrte dort auch aus, als es zu regnen begann. Er soll seinen Schirm aufgespannt haben und dann einfach weiter seine Mahlzeit verspeist haben.

Ja, der Mann hatte gegessen. Aber er hatte auch gezählt. Wie viele Portionen Quiche und Flammkuchen über den hohen Tresen des »Feinkostmobils« gingen, wie Heuser seinen Stand nennt. Die Zahlen hatte er Tag für Tag in eine Tabelle eingetragen.

Eine Woche später traf bei meinem Mandanten ein Brief ein, in dem ihm mitgeteilt wurde, dass eine Betriebsprüfung anstehe. Als der Mann von der Parkbank vor ihm stand und sich als Außenprüfer des Finanzamts zu erkennen gab, begann Heuser zu dämmern, was da auf ihn zukam.

Zu Recht: Er hatte nur drei Viertel seines mittäglichen Umsatzes in der Buchhaltung angegeben. Die Zählung des Finanzbeamten ergab, dass mein Mandant und seine zwei Angestellten täglich zur Mittagszeit im Schnitt 120 Quiches und 100 Stück Flammkuchen verkauften. Die Buchhaltung wies pro Tag aber nur 90 Quiches und 75 Stück Flammkuchen auf. Dieser Unterschied war so eklatant, dass anhand der Einkaufsbelege meines Mandanten der tatsächliche Umsatz über die letzten Jahre hochgerechnet wurde und er sich mit einer hohen Steuernachzahlung konfrontiert sah. Ich würde jetzt gerne sagen, dass ich meinen Mandanten durch tatkräftigen Einsatz und diverse strategische Winkelzüge retten konnte – aber gegen eine derart hieb- und stichfeste Beweisführung des Finanzamts kommt niemand an. Wir konnten die Steuerlast mit dem Hinweis auf diverse Lebensmittelskandale in den vergangenen Jahren zwar etwas drücken – aber ein großer Spielraum blieb da nicht.

Ein Quantum Finanzbeamter

Was ich hier geschildert habe, ist das kleine Einmaleins der Finanzbeamten. Bei so etwas wie einem Imbisswagen ist es leicht umzusetzen. Man braucht dafür nur eine Parkbank, Papier und Stift. Ich habe übrigens auch schon von Fällen gehört, bei denen sich die Finanzbeamten abgewechselt haben. Jeden Tag saß ein anderer gegenüber einer Würstchenbude und zählte die Verkäufe. Doch mit welchem Schwung und welcher Begeisterung Finanzbeamte ihren Job erledigen, ist irgendwo zwischen gruselig und »Hut ab!« einzuordnen.

2012 kamen für gute vier Wochen immer vier Bauarbeiter in ein italienisches Restaurant und bestellten den »Mittagstisch«. Sie waren anscheinend eine bunt zusammengewürfelte Truppe. Ein Sachse, ein Pole, ein Thüringer und ein Bayer, anscheinend der Chef der vier. Draußen parkte der Sprinter einer Baufirma. Auf der Hutablage lag regelmäßig eine aktuelle polnische Tageszeitung. Im Agentenjargon würde man sagen: eine glaubhafte Legende.

Sie freundeten sich mit dem Betreiber an, der zu den Menschen gehört, die das Herz auf der Zunge tragen. Man redete über Gott und die Welt, die Arbeit und das Restaurant des Betreibers. Der Pole lernte sogar ein bisschen Italienisch und der Restaurantbetreiber ein bisschen Polnisch. Nach vier Wochen verabschiedeten sich die Bauarbeiter. Sie würden jetzt auf der nächsten Baustelle eingesetzt. Aber man sehe sich bestimmt mal wieder.

Und tatsächlich sahen die Bauarbeiter und der Restaurantbetreiber sich wieder – beim Finanzamt. Die vier »Bauarbeiter« hatten sich einen Spaß gemacht. Um Restaurants zu überprüfen, die in ihren Zuständigkeitsbereich fielen, hatten sich die Finanzbeamten die Bauarbeiter-Legende zurechtgelegt. Der Kollege mit dem polnischen Akzent sprach wirklich Polnisch, aber nur, weil er als Kind zweisprachig aufgewachsen war. Er sprach ansonsten akzentfrei Deutsch. Wenn sie das Restaurant zum Mittagessen aufsuchten, hatten sie Tischpläne dabei, auf denen sie genau vermerkten, wie viele Speisen und Getränke dort bestellt wurden, welche Tische belegt waren und wie viele Kunden vorbeikamen, um sich bestellte Pizzen abzuholen. Diese Zahlen überprüften sie dann bei einer anschließenden Betriebsprüfung – zum Nachteil des italienischen Restaurantbetreibers. Die Buchhaltung wich stark von den Zahlen des Finanzamtes ab. Das Finanzamt schätzte das Einkommen der vergangenen Jahre und veranschlagte die zu bezahlende Steuer neu. Eine hohe Nachzahlungsforderung landete auf dem Schreibtisch des Restaurantbetreibers. Diese Show hatten die vier das Jahr über übrigens in mehreren Restaurants abgezogen und damit ordentlich Geld in die Staatskasse gespült.

Habe ich die Finanzbeamten hier gerade ein bisschen wie die James Bonds des Finanzwesens dargestellt, darf natürlich eine wichtige Figur der Bond-Filme nicht fehlen: der Tüftler »Q«. Er versorgt Bond immer wieder mit technischen Spielereien, die ihm helfen, seine Feinde auszutricksen. Auch Finanzbeamte sind auf diesem Gebiet versiert.

Warum ein »Blindkellner« doch sehen kann

Im Gastrogewerbe ist es vollkommen normal, mit einem sogenannten Blindkellner zu arbeiten. Vielleicht ist Ihnen im Restaurant bereits einmal aufgefallen, dass alle Kellner einen Schlüssel mit sich führen, die sie in die Registrierkasse stecken, um dort ihre Eingaben zu machen oder eine Rechnung zu erstellen. Jeder Kellner hat einen eigenen Schlüssel, mit dem er einen Account freischaltet, den nur er nutzt. Auf diesem Account werden alle seine Bestellungen aufgelistet und verrechnet. Vermeintlich schlaue Gastronomen statten alle ihre Kellner mit einem zweiten Schlüssel aus, die den Account eines Kellners freischalten, den es gar nicht gibt. Die Kellner müssen nun nach einem bestimmten System den zu diesem Schlüssel passenden Account nutzen und dort ihre Bestellungen speichern. Dieser Account gehört dem Blindkellner: Am Ende des Abends werden alle Bestellungen auf diesem Account storniert. Die Folge ist, dass Bestellungen und damit verbundene Umsätze auf diesem Account nirgendwo in der Buchhaltung auftauchen und so vermeintlich am Finanzamt vorbeigeschmuggelt werden. Der Haken an der Sache: Das Finanzamt weiß das natürlich. Die Kasse speichert alle Änderungen des Datenbestands – auch dass und was gelöscht beziehungsweise storniert wurde. Den Chip in der Kasse kann man dank einer entsprechenden Schnittstelle im Gerät mit einem Computer auslesen – was wiederum die Gastwirte wissen. Aus verschiedensten Gründen werden nun alle paar Monate neue Kassen gekauft.

Einmal hat ein Kellner ein Tablett mit Getränken darüberge-
schüttet, das andere Mal war es ein Garantiefall; in einem weiteren Fall musste man auf ein anderes Modell umsteigen, da
dessen Bedienbarkeit einfach deutlich besser war.

Bei einer Tagung erzählte ein Kollege von mir eine spekta-
kuläre Geschichte: Sein Mandant war Teil eines Rings von
Gastwirten, die zu Zwecken der Steuerhinterziehung ihre Registrierkassen tauschten – regelmäßig und nach einem wirklich
ausgeklügelten System, um im Falle einer Steuerprüfung nicht
aufzufliegen. Doch das Finanzamt kam ihnen auf die Schliche.
Aus purem Zufall wurden zwei Lokale gleichzeitig geprüft, deren Registrierkassen Gerichte gespeichert hatten, die es nur in
dem jeweils anderen gab. Die Finanzbeamten verglichen die
restlichen Datenbestände mit den Restaurants im Ort und entdeckten so sechs der neun Gastronomen. Dass das Finanzamt
die anderen drei ebenfalls ausfindig machte, war dann nur noch
eine Frage der Zeit. Die Staatskasse durfte sich über eine hohe
Einnahme freuen. Die Gastronomen hingegen freuten sich
nicht wirklich: Ihnen wurde der Prozess gemacht – wegen Steuerhinterziehung und Beihilfe zur Steuerhinterziehung.

Eine Kiste voller Möglichkeiten

Das Thema »Registrierkassen und ihre steuerlichen Möglichkeiten« könnte allein schon ein Buch füllen. Elektronische
Registrierkassen bieten auf jeder Ebene Möglichkeiten, Einkünfte geschickt zu manipulieren, um steuerfreie Einkünfte zu
erzielen. Die Technik des Blindkellners setzt auf der Eingabe-
ebene, also der sogenannten Primärebene, an und verhindert so,
dass bestimmte Buchungen überhaupt erst ins System kommen.
Doch der Umsatz lässt sich auch schon von vornherein manipu-

lieren. Man kann zum Beispiel einstellen, dass grundsätzlich eine bestimmte Menge eines Produktes abgezogen wird. Der Inhaber der Kasse kann also bestimmte Voreinstellungen vornehmen, er kann zum Beispiel jeden Tag automatisch 20 Weizenbier abziehen lassen. Werden dann im Verlauf des Tages 25 davon bestellt, tauchen in den Tagesumsätzen nur fünf auf – und das Tag für Tag.

Ein Betrug auf dieser Ebene fällt bei einer Betriebsprüfung nicht unbedingt auf, da Betriebsprüfer die Prüfung zunächst mit Ergebnissen der zweiten Summenebene beginnen. Auf dieser Ebene kann man mächtig an den Daten schrauben. Das funktioniert so: Die einzelnen Bestellungen, die in einer Kasse über den Tag verbucht werden, werden in Tagessalden zusammengefasst. Aus diesen lässt sich eine genaue Anzahl der verkauften Speisen nicht mehr bestimmen. Erst wenn dem Betriebsprüfer die vom Wirt gestellten Zahlen eigenartig vorkommen, widmet er sich der Primärebene. Für Tricksereien auf der Sekundärebene gibt es übrigens inzwischen schon Programme, die eine gezielte Manipulation ermöglichen. Dabei lesen die Programme die vorliegenden Daten dergestalt aus, dass sie feststellen, wie hoch die durch Kreditkartenabrechnung erzielten Einnahmen sind, und verhindern so, dass die Manipulation allzu offenkundig ist. Denn wenn der Gast mit Kreditkarte bezahlt, taucht dies in der Buchhaltung auf. Manipulierte ein Wirt die Buchhaltung derart, dass seine Einnahmen unter den Kreditkarteneinnahmen lägen, würde dies einem Betriebsprüfer sofort auffallen – die Software schützt also vor allzu verräterischen Manipulationen.

Aber auch auf der finalen Summenebene kann man noch an den Stellschrauben drehen. Gemeint ist damit die Ebene, die jedem vertraut ist, der sich ein bisschen mit Rechnungswesen auskennt. Sie wird mit Bilanzen oder Gewinn-und-Verlust-

Rechnungen dargestellt. Nach einem Kassensturz am Jahresende wird an diesen gern manipuliert, um Schwarzgeld zu waschen oder an Schwarzgeld zu kommen.

Meister der Kombinatorik

Ich habe ja von den James Bonds des Finanzwesens erzählt. Neben dem berühmten Geheimagenten im Dienste ihrer Majestät gibt es eine weitere Romanfigur, deren Fähigkeiten beim Finanzamt ebenfalls gefragt wären: der Meisterdetektiv Sherlock Holmes.

»Sie hatten im Mai knapp 240 Kunden, in der Buchhaltung konnte ich aber nur ungefähr 190 Abrechnungen finden. Wie erklären Sie mir den Unterschied?« Karl Steinfurt wippte auf seinen Fußballen vor und zurück. Sein Blick durchdrang Mark Köster. Der Friseur wusste nicht so recht, was er sagen sollte. Woher wusste Steinfurt, wie viele Kunden er wirklich gehabt hatte?

»Sie haben hier eine Rechnung für Halskrausen … Vier Rollen à 25 Meter. Sie brauchen für jede Halskrause, die sie einem Kunden umlegen, etwa 40 Zentimeter.« Der Betriebsprüfer holte kurz Luft. »100 Meter durch null Komma vier Meter ergibt 250 mögliche Halskrausen. Wenn ich mir ansehe, was Sie von dem auf der Rechnung aufgeführten Halskrausenmaterial noch haben, dann denke ich, dass das noch für zehn Kunden reicht … Und der Rest muss ja irgendwo geblieben sein … «

Man muss es leider so sagen, aber viele Geschäftsleute halten das Finanzamt für blöd. Im Glauben, dass man ihnen nicht auf die Schliche kommt, geben sie ihre Einkünfte unvollständig an. Doch die Betriebsprüfer des Finanzamtes wissen nur zu oft, wo genau sie suchen müssen. Denn für viele Teile eines Betriebes gilt ein logisches Gesetz. Gibt es Einnahmen, gibt es auch Ausgaben. Oder anders formuliert: Wo Ertrag ist, ist auch Aufwand. Aus dieser Kausalkette kann man Rückschlüsse ziehen: Der Außenprüfer wusste genau, wo er nachschauen musste, um den Steuerbetrug des Friseurs nachzuweisen. Er sah sich die Aufwendungen des Friseurs an und konnte daran erkennen, welche dieser Aufwendungen mit welcher Art von Ertrag in Beziehung stehen. Durch eine kurze Inventur überprüfte er die unter »Aufwendungen« verbuchten Materialien und brachte sie mit den Zahlen der Ertragsrechnung in Verbindung. Zu solchen Mitteln greifen Finanzbeamte aber nicht nur im Bereich der Einkommensteuer. Umsatzsteuerdelikte sind dadurch ebenso gut aufzuklären.

Fast jeder Mensch, der in einer größeren Stadt wohnt, hat so etwas wie einen Lieblingsbringdienst: Anrufen. Pizza oder Sushi bestellen. Abholen oder bringen lassen. Essen. Glücklich sein. Meist sind diese Bringdienste zugleich Restaurants.

»Herr Lechner!« Mein Mandant klang fast panisch. »Woher weiß der, wie viele Nudeln mit Hühnerfleisch ich verkauft habe?«

Ich erlebe solche Szenen zum Glück nur selten, aber ich komme nicht ganz drum herum. In diesen Momenten würde ich gerne eine Pausetaste drücken und mir »ans Hirn langen«, wie man in Süddeutschland gerne sagt. Ein ehemaliger Mandant von mir hatte einen Thai-Imbiss und -Bringdienst betrieben. Was viele dieser Imbiss-Bringdienst-Kombinationen zum Scheitern bringt: Für den Imbiss und für den Bringdienst gelten unterschiedliche Steuersätze. Bestelle ich per Telefon und hole mein Essen ab, um es zuhause zu verzehren, zahle ich 7 Prozent Mehrwertsteuer. Ordere ich dasselbe Gericht im Imbiss und setze mich hin, bezahle ich 19 Prozent Mehrwertsteuer. Dies eröffnet die Möglichkeit, durch gezieltes Tricksen Geld am Staat vorbei zu erwirtschaften. Dafür muss der Gastronom in seiner Buchhaltung nur die Mahlzeiten über den Bringdienst abrechnen, die er in seinem Imbiss verkauft. Er bekommt von seinen Kunden zwar das Geld für den Imbiss mit 19 Prozent Mehrwertsteuer, führt an das Finanzamt aber nur 7 Prozent ab, da es laut Buchhaltung Umsatz durch einen Abholer ist. Die Differenz wirtschaftet er in die eigene Tasche. Doch wenn man weiß, wo man nachschauen muss, kann man erkennen, wie viele Gerichte an Abholer verkauft werden. Mittels Bestellschein lassen sich die Mengen an Alubehältern überprüfen, die den Weg in Kundenhand gefunden haben. Weicht die Zahl zwischen den für Asia-Imbisse typischen Alubehältern und Nudelboxen deutlich von den in der Buchhaltung aufgeführten Umsätzen ab, weiß der Außenprüfer, was Sache ist: Es liegt ein Umsatzsteuerbetrug vor. Dasselbe gilt übrigens auch für Pizzerien, die Pizzen zum Abholen anbieten, und ich habe auch schon von Dönerbuden gehört, deren unlauteres Geschäftsgebaren anhand einer unstimmigen Menge Alufolie aufgeflogen ist.

Ein Finanzbeamter wird Ihnen selten genau sagen können, wie viele Haarschnitte, Pizzen, Nudeln mit Hühnerfleisch oder Sushiröllchen Sie am Fiskus vorbeigeschmuggelt haben. Aber die Finanzbeamten haben dadurch, dass sie viele Betriebe prüfen, eine gute Übersicht über das, was ein typischer Umsatz für ein Gewerbe Ihrer Art sein kann. Sie haben einen guten Einblick, wo es manchmal ein Hoch oder Tief gibt oder wieso es mal mehr, mal weniger Kunden gibt. Durch solche Unwägbarkeiten entsteht natürlich ein gewisser Graubereich, in dem Steuerhinterziehung möglich ist und den gewiefte Geschäftsleute ausnutzen wollen. Aber dieser Graubereich ist extrem gut austariert. Schon Abweichungen um ein halbes Prozent können da den Ausschlag geben und einen Außenprüfer stutzig werden lassen, der dann genauer nachschaut und fette Beute findet.

Mitgezählt!

Teil des Betriebsprüfungsprozesses ist auch eine Führung durch
den Betrieb. Die Außenprüfer können sich so vor allem einen
Überblick über die Außenanlagen, den Fuhrpark oder das Lager
eines Unternehmens machen. Viel kommt dabei oft nicht heraus. Dass die Betriebsprüfer es aber doch gerne machen, hat mit
dem berühmten Kommissar Zufall zu tun. Während meiner
Zeit bei einer großen Wirtschaftsprüfungsgesellschaft war ich
neben zahlreichen Brauereien auch für ein kleines Hotel im
Münchner Umland zuständig. Die Dame von der Betriebsprüfung hatte sich angekündigt und fuhr pünktlich mit dem
Dienstauto des zuständigen Finanzamtes auf den Parkplatz des
Hotels. Ich führte sie durch das Gebäude, wir besichtigten einige Zimmer und ich brachte sie in den Raum, in dem die Unterlagen für sie hergerichtet worden waren. Die erste Prüfungs-
woche verlief ergebnislos. Auch die zweite Woche verlief ohne
besondere Begebenheiten und so hoffte ich, dass das Abschlussgespräch am Ende der Woche einigermaßen gemütlich verlaufen würde. Doch weit gefehlt.

Elisabeth Marcovicz, meine Mandantin, hatte im letzten
Jahr Stück für Stück sämtliche Bäder des Hotels renoviert.
Dabei waren auch neue Badewannen eingebaut worden. Die
Rechnungen der Lieferanten wiesen 22 sehr teure Badewannen
und 38 Badewannen in einer eher mittleren Preisregion aus.
Der Hintergrund: Meine Mandantin wollte ihr Hotel wertiger
ausstatten, um eine Klientel ansprechen zu können, die deutlich
mehr Umsatz generieren würde. Dafür hatte sie 21 der 60 Zimmer mit besonders hochwertiger Inneneinrichtung ausgestattet,
39 der Zimmer mit einer Ausstattung der gehobenen Mittel-
klasse. Bei einem Blick in die Steuererklärung des vergangenen
Jahres hatte die Finanzbeamtin entdeckt, dass die Hotelbesitze-

rin eine Badewanne derselben Marke, die sie im Hotel verwendete, für eine ihrer Mietwohnungen gekauft hatte. Bei ihrer kleinen Tour, die sie mit mir durch das Haus unternommen hatte, hatte sie natürlich auch einen Blick in die Badezimmer geworfen und die Zimmer gezählt. 21 Zimmern der gehobenen Preisklasse standen damit 22 Badewannen gegenüber, 39 Zimmern der mittleren Klasse 38 Badewannen. Da die Badewanne nirgendwo im Haus als möglicher Ersatz gelagert worden war, war für die Betriebsprüferin naheliegend, dass meine Mandantin einen Tausch vorgenommen hatte. Sie hatte die Rechnung für die teurere Badewanne über das Hotel abgerechnet, dabei ihre private, günstigere ins Hotel liefern lassen und sich die teurere in der Mietwohnung einbauen lassen.

»Wobei … Das mit der Mietwohnung war doch eine Lüge, oder?« Die Betriebsprüferin hatte meine Mandanten ins Auge gefasst. Frau Marcovicz verneinte. Meinen Einwand, dass sie solche Behauptungen schon beweisen können müsse, erwiderte die Prüferin nur mit einem Lächeln. Über den Tisch hinweg gab sie mir eine Rechnung. Sie war von der Firma Europcar ausgestellt worden und belegte die Miete eines Kleintransporters.

»Wenn Sie uns schon bescheißen wollen, dann machen Sie das doch bitte richtig und nicht so stümperhaft.« Bevor ich irgendetwas erwidern konnte, schnitt sie mir das Wort ab. Die Rechnung über den Miettransporter war auf einen Tag nach der Lieferung der teuren Badewannen datiert. Von Europcar war auch der Kilometerstand zu Beginn und nach Ende der Nutzung durch meine Mandantin vermerkt. Er entsprach genau der Strecke Leihstation – Hotel – Mietwohnung meiner Mandantin – Wohnung meiner Mandantin – Hotel – Leihstation. Die teure Badewanne war nach der Lieferung in den Sprinter gepackt worden. Die günstigere Badewanne hatte sie zu ihrer Mietwohnung liefern lassen, damit die korrekte Adresse im Lieferschein stehen würde. Dort hatte sie die günstigere Badewanne abgeholt und war dann weiter zu ihrer Wohnung gefahren. Dort wurde die teurere Badewanne ausgeladen. Anschließend ging es zurück ins Hotel, um dort die günstigere Badewanne auszuladen. Die Rechnung über den Miettransporter hatte sie auch in der Buchhaltung aufgeführt. Da sie für den Hotelbetrieb immer wieder Mietwagen und -transporter brauchte und buchte, ging sie davon aus, dass die Sache nicht auffallen würde. Angesichts eines so hohen Maßes an krimineller Energie – verbunden mit extremer Kopflosigkeit – war ich hilflos. Für meine Mandantin konnte ich in dem Fall dann tatsächlich nichts tun.

Im folgenden Fall lag die Sache dafür anders: Manchmal schießen nämlich auch die Finanzbeamten mit ihrem detektivischen Eifer über das Ziel hinaus.

Übers Ziel hinaus

Geschenke an Kunden sind – in einem gewissen Rahmen und je nach Betriebsgröße – von der Steuer absetzbar. Einer meiner Mandanten ist in der Stress- und Burnout-Prävention tätig. Als Weihnachtsgeschenk verschickt er gerne Reiseführer an seine Kunden. Der Außenprüfer überprüfte die entsprechenden Rechnungen, recherchierte natürlich jede ISBN und warf dann einen Blick auf die Facebook-Seite und die Firmenhomepage meines Mandanten. Auf beiden hatte er Bilder vom gemeinsamen Urlaub mit seiner Frau auf der thailändischen Insel Ko Samui online gestellt.

Fast triumphierend wollte der Prüfer meinem Mandanten die Bücher aus der Gewinn- und Verlustrechnung streichen, da diese ja privat veranlasst zu sein schienen. Auf den Belegen meines Mandanten waren unterschiedlichste Reiseführer nach Ko

Samui zu finden. Bis ich den Außenprüfer dezent auf das Datum hinwies. Die Reise meines Mandanten nach Ko Samui war vor dem Kauf der Reiseführer angesiedelt. Die Reise war quasi eine Art Inspiration für meinen Mandanten gewesen, Reiseführer von Ko Samui an seine Kunden zu verschenken. Der Finanzbeamte korrigierte seinen Fehler und die Betriebsprüfung nahm ein gutes Ende. Doch die Liste mit den Tricks der Steuerbeamten lässt sich fast unendlich weiterführen.

Die Tricks der Steuerfahndung

Steht die Betriebsprüfung bei einem Metzger an, wird vorher das Buch des Fleischbeschauers konsultiert, um zu erfahren, wie viele Tiere wirklich an den Metzger geliefert wurden und wie viele dieser somit geschlachtet hat. Auf diese Weise kann das Finanzamt ziemlich genau sagen, wie viele Scheiben Salami oder Schinken verkauft wurden.

Steht die Betriebsprüfung eines Ladenlokals an, werden auch gleichzeitig die verschiedenen Tagesstände einer Kasse verlangt. Gibt es hier größere Sprünge im Bestand, kann man davon ausgehen, dass mithilfe der Kasse Schwarzgeld gewaschen werden soll, um auf die Schnelle an Kapital zu kommen, das sich im Sinne des Betriebszwecks verwenden lässt.

Auch ein schneller Blick in das Privatentnahmenkonto kann Fragen aufwerfen. Jedes inhabergeführte Geschäft weist Privatentnahmen aus der Kasse auf. Aus ihnen werden ganz normale Allerweltsgeschäfte finanziert: einkaufen gehen, tanken, die neue Besohlung der Schuhe zahlen. Fehlen die Privatentnahmen, wird schnell die Frage laut: »Wie finanzieren Sie denn Ihren Lebensunterhalt?« Gibt es keine plausiblen Antworten wie »mein Mann/meine Frau übernimmt die laufenden Kosten«, können sich die Inhaber auf eine hohe Nachschätzung gefasst machen, sind doch Privatentnahmen Teil des Einkommens des Firmeninhabers und somit zu versteuern. Wenn auf ein Bankkonto Geld eingezahlt wird, ist das ziemlich eindeutig, da eine entsprechende Verbuchung stattfindet. Auf eine Kasse in einem Lokal oder Ladengeschäft trifft das nicht zu. Hier kommt dann die sogenannte Geldverkehrsrechnung zum Einsatz.

Übersicht gewinnt

Etliche Kassenmodelle auf dem Markt verbuchen Ein- und Entnahmen – ein Kassenbestand ist also zu jedem Zeitpunkt abrufbar. Kassenbestände steigen stetig über den Tag, bis die Kassen geleert werden. Die Tageseinnahmen werden am Abend gezählt, wandern in verplombte Koffer und werden an entsprechende Sicherheitsfirmen übergeben. Bei kleineren Geschäften wird die Kasse von der Geschäftsführerin oder dem Geschäftsführer einfach zur nächsten Bank gebracht. Über die Höhe des Tagesendbestands gibt es deshalb meist eine Bescheinigung in Form einer Überweisung oder einer Mitteilung der Sicherheitsfirma. Die Höhe eines Kassenbestandes gibt aber nicht an, durch welche Geldbewegungen er zustande gekommen ist. Stellt der Finanzbeamte nun Unregelmäßigkeiten fest, da die Kassenbestände offensichtlich mit der Menge der Ein- und Auszahlungen nichts zu tun haben, werden die Bons der Tageseinnahmen und -ausgaben in zwei Blöcke aufgeteilt und ihre Summen addiert. Diese werden dann voneinander subtrahiert. Im ungünstigsten Fall ist das Ergebnis der Rechnung negativ, der Kassenstand aber positiv.

Ein einfaches Beispiel: In einem Lokal werden tagsüber Speisen und Getränke im Wert von 1000 Euro umgesetzt.

Abends kommt eine Sicherheitsfirma, die das Geld abholt. Um weiterhin zahlungsfähig zu bleiben, legt die Wirtin 200 Euro Wechselgeld in die Kasse, die sie von ihrem Schwarzgeld abzweigt und so »waschen« möchte. Im Laufe des Abends werden Speisen im Wert von achthundert Euro umgesetzt. Der Kassenbestand beträgt also wieder tausend Euro. Da die Einlage der zweihundert Euro Schwarzgeld mit keinem Cent in der Buchhaltung auftaucht, gibt es in der Geldverkehrsrechnung einen Unterschied von zweihundert Euro, den die Wirtin wird erklären müssen. Die Geldverkehrsrechnung wird deshalb so gerne angewandt, weil sie aus unübersichtlichen, chaotischen Kassenzetteln und Belegen übersichtlich strukturierte Rechnungen macht – wenn überhaupt Kassenzettel und Belege vorhanden sind.

Das fast perfekte System

Man möchte jetzt meinen, dass Steuerhinterziehung unter »Zuhilfenahme« des eigenen Betriebes fast unmöglich ist. Nicht bei ausreichend krimineller Energie! Die Methode, mit der Finanzbeamte Steuerhinterzieher aufdecken, ist in gewisser Weise simpel: Wo ein zweckgebundener Aufwand ist, da ist auch ein Ertrag. Sucht man nun lange genug und durchforstet die Buchhaltung eines Steuerhinterziehers ausreichend akribisch, so wird man fündig werden – zumindest wenn zweckgebundene Aufwendungen vorhanden sind. Wenn!

Ich wäre beinahe hintenüber gefallen. Der Außenprüfer hatte gerade die Summe von 2 254 649,78 Euro in den Raum geworfen. Dies war der Betrag, um den mein Mandant, der Betreiber einer gutbürgerlichen Wirtsstube, das Finanzamt allein in den letzten vier Jahren betrogen haben sollte. Der Wirt hatte ein System gefunden, mit dem er gezielt Steuern hinterziehen und dabei für lange Zeit unentdeckt bleiben konnte.

Um zu verhindern, dass eigene Erträge rückverfolgbar waren, hatte er die dafür notwendigen Aufwendungen in seiner Buchhaltung nicht ausgewiesen. Dies erreichte er durch eine ganze Reihe von simplen Taktiken. Für seinen Wareneinkauf hatte er verschiedene Lieferanten – auf der einen Seite die offiziellen, bei denen er regelmäßig Großbestellungen aufgab, und auf der anderen Seite die inoffiziellen: Das waren entweder andere Großhändler oder einfach nur der Supermarkt um die Ecke. Große Bestellungen splittete er häufig. Beispielsweise wurden am Montag zehn Kilo Mehl eingekauft, und da »plötzlich« am Mittwoch eine unerwartete Anfrage für eine größere Gesellschaft am Wochenende kam, kaufte er nochmal vier Kilo nach. Die Rechnung dafür sollte dann spurlos verschwinden. Die mit diesen vier Kilo hergestellten Speisen und Kuchen verschwanden ebenfalls bei Kassenschluss aus der Buchhaltung. Genauso verfuhr er mit Einkäufen aus dem Supermarkt. Hin und wieder kann man in Restaurants und Wirtschaften ja erleben, dass einer der Bediensteten sich mit der Hausmarke eines in der Umgebung liegenden Supermarktes verstohlen in den Hintereingang schleicht. Meist ist so etwas nötig, wenn sich der Koch im Einkauf vertan hat und man Gefahr läuft, das Mittags- oder ein anderes beliebtes Gericht nicht mehr anbieten zu können. Die höher werdenden Einkaufskosten werden wegen der Gefahr einer möglichen Imageminderung und damit schlechter Mundpropaganda in Kauf genommen. Zudem machen die Lokale den größten Anteil ihres Umsatzes mit dem Verkauf von Getränken. Hat der Gast nichts zu essen, trinkt er auch nichts. Ist so etwas anderswo eine Art Notfallprogramm, geschah dies bei meinem Mandanten mit Absicht. Teilweise ganze Gerichte der Tages- oder Abendkarte organisierte er über nahe Supermärkte. Die im Vergleich zum

Großhandel höheren Einkaufskosten hatte er dank der »Steuerersparnis« schnell wieder in der Kasse. Dass dabei bar bezahlt wurde, verstand sich von selbst. Auch, dass die entsprechenden Belege verschwanden.

Wenn Gastronomen bei ihren Lieferanten häufiger einkaufen, bekommen sie natürlich auch entsprechende Rabatte und Skonti. Mein Mandant wiegelte solche Angebote immer wieder ab und ließ sich einfach einen Kasten Bier, eine Kiste Gemüse oder ein Kilo Fleisch mehr geben, als auf der Rechnung ausgewiesen war. Der Vorteil dabei: Er kam auf diese Weise an die Rabatte und Skonti und hatte gleichzeitig wieder Ware, die in keiner Rechnung auftauchte.

So etwas erfordert eine ausgefuchste Buchführung. Jeder Aufwand, der nicht aufgeführt wurde, musste mit dem dadurch generierten Ertrag in Verbindung gebracht werden. Die verschiedenen Erträge wurden dann entsprechend am Abend aus der Kasse gelöscht und wanderten direkt in die Tasche des Inhabers. Die Finanzbeamten sprachen von »einer minutiösen Planung« des Steuerbetrugs.

Im Grunde waren die Chancen, dass mein Mandant aufflog, gering. Er hatte auch schon einige Betriebsprüfungen überstanden, ohne negativ aufgefallen zu sein. Was ihn zu Fall brachte, war sein Privatleben. Seine Frau arbeitete gemeinsam mit ihm im Lokal. Eine Beziehung aufrechtzuerhalten, bei der beide in der Gastronomie arbeiten, und dazu noch im selben Lokal, ist nicht einfach. Die beiden lebten sich auseinander und ließen sich scheiden. Als es um den Unterhalt für das gemeinsame Kind und die Frau ging, stellte sich mein Mandant aus irgendwelchen Gründen quer. Daraufhin deckte sie aus Rache beim Finanzamt dessen ausgeklügeltes Steuerbetrugssystem auf. Die Beamten durchforsteten nun die Aufzeichnungen aller Betriebe, die meinen Mandanten belieferten, und kamen so auf die stattliche Summe von 2 254 649,78 Euro. So etwas ist nur möglich, wenn alle Aufzeichnungen vorhanden sind. Doch was machen Steuerprüfer eigentlich, wenn es keine Unterlagen gibt?

Schätzen heißt rechnen

Es gibt Branchen, in denen die Datenerfassung immer noch mit Stift und Papier vonstatten geht. Die Aufzeichnungen werden dann am Ende eines jeden Tages in einen Ordner geheftet. Mancherorts sollen schon mal fünfzig Prozent der Ordner verbrannt worden sein, wenn sich das Finanzamt ankündigte.

Auf diese Art und Weise verfuhr beispielsweise ein Berliner Taxiunternehmen. Der Betriebsprüfer saß fast etwas verlassen vor einem Tisch mit fünf Ordnern und fragte sich, wie er nun zu einer Schätzung kommen sollte, die auch dem trickreichsten Steuerberater und eventuell einem Gerichtsverfahren standhalten würde. Das Problem an Steuerschätzungen: Sie müssen einer Überprüfung standhalten. Schätzungen dürfen den Steuerschuldner nicht über das hinaus, was er eigentlich an Steuern zu zahlen hätte, belasten. Sie dürfen aber auch nicht geringer ausfallen, als die Steuerschuld betragen würde – der Staat würde sonst auf Einnahmen, die ihm zustehen, verzichten.

Mit diesem Dilemma tat der Betriebsprüfer zunächst mal das, was Betriebsprüfer halt tun: Er fing an zu rechnen. Die übrig gebliebenen Zeiterfassungspapiere ergaben, dass die Taxifahrer des Unternehmens während des Geschäftsjahrs etwas mehr als fünfzehntausend Stunden tätig waren. Daraufhin nahm er sich den Rest der Buchhaltung vor und fand anhand diverser Fahrtenbücher, Taxameter, Werkstattrechnungen für Garantieleistungen und TÜV-Abschlussreports heraus, dass der gesamte Fuhrpark des Taxiunternehmens im vergangenen Jahr sechshunderttausend Kilometer zurückgelegt hatte. Er ermittelte daraufhin eine Durchschnittsgeschwindigkeit der Fahrzeuge bei voller Auslastung von vierzig Stundenkilometern. Er spielte verschiedene Standzeiten durch. Eine Berechnung von einem Standzeitanteil von fünfzig Prozent ergab eine Durchschnittsgeschwindigkeit von achtzig Kilometern pro Stunde. Bei einem Standzeitanteil von sechzig Prozent erhielt er als Durchschnittsgeschwindigkeit sogar hundert Stundenkilometern. Das Fahrverhalten von Taxifahrern ist hinlänglich bekannt, aber keine der Zahlen machte Sinn.

Mit einer Reihe von Stoppuhren, die er im Kreise seiner Familie organisiert hatte, setzte er sich auf eine Bank am Bahnhof und beobachtete die Taxifahrer. Jedes Mal, wenn einer abfuhr, stoppte er die Uhr, die er ihm zugeordnet hatte. Jedes Mal, wenn ein neuer Kollege ankam, drückte er bei einer Uhr auf die Starttaste. Die Zeiten notierte er fein säuberlich. Er führte auch sauber Buch über die Fahrer, die den ganzen Tag an dem Stand arbeiteten, und kam so zu Zahlen, die ein realistisches Bild von der tatsächlichen Auslastung eines Taxibetriebes ergaben.

Er wandte seine Erkenntnisse auf das Taxiunternehmen an, das er zu Ende zu prüfen hatte, und konfrontierte den Inhaber und dessen Steuerberater mit diesen Zahlen. Die Höhe der Schätzung war immens. Einzig der besonnenen Art des Abteilungsleiters war es zu verdanken, dass die Besprechung nicht in einem Maße eskalierte, die den sachlichen Rahmen gesprengt hätte. Das Abschlussgespräch scheiterte am Widerstand der beiden. Dem Finanzamt blieb nur noch der Weg vors Gericht.

Der Betriebsprüfer wurde in den Zeugenstand gerufen. Etwas eingeschüchtert vom cholerischen Verhalten des Inhabers saß er zusammengekauert auf seinem Stuhl und gab leise Auskunft über seine Erkenntnisse. Der Richter folgte den Ausführungen aufmerksam und vertagte dann die Sitzung. Er wollte sich ein eigenes Bild machen. Als die Verhandlung wieder aufgenommen wurde, war der Urteilsspruch deutlich. Der Taxiunternehmer hatte die geforderte Summe zu zahlen. Darüber hinaus erhielt er auch eine Strafe, weil er die Lohnunterlagen vernichtet hatte. Die letzten Worte des Richters lauteten: »Sie können sich noch glücklich schätzen. Die Berechnung des Herrn Finanzbeamten ist sehr, sehr konservativ. Ich hätte härter hingelangt.«

Sinn und Zweck der Schätzung

Die Durchführung einer Schätzung sagt übrigens nichts darüber aus, ob tatsächlich eine Steuerhinterziehung vorliegt. Eine Schätzung dient einzig und allein einer Bereinigung der Buchführung. Etwaige Ungenauigkeiten oder versäumte Angaben werden so im Sinne des Finanzamtes behoben, sodass es die entsprechenden Beträge erheben kann. Eine Straftat oder Ordnungswidrigkeit liegt hier aber noch nicht vor. Allerdings geht eine Mitteilung über die Schätzung an die Straf- und Bußgeldstelle des Finanzamtes, die sich nun vor dem Hintergrund einer Tatbestandserfüllung mit der Schätzung auseinandersetzt. Je nach der Höhe und den Umständen, unter denen eine Schätzung stattgefunden hat, wird nun möglicherweise ein Verfahren eingeleitet. Die Beamten haben dabei die Wahl zwischen drei Möglichkeiten: Wenn die Höhe oder die Umstände unbedeutend sind, gibt es kein Verfahren. Ist die Höhe der sogenannten Erlösverkürzung nicht unbedeutend, kann ein Verfahren wegen leichtfertiger Steuerverkürzung eingeleitet werden. Hier befindet man sich aber noch im Rahmen der Ordnungswidrigkeit. Erst wenn Höhe und Umstände bestimmte Kriterien erfüllen, wird ein Verfahren wegen Steuerhinterziehung eingeleitet. »Umstände« bedeutet hierbei: Die Erlösverkürzung wurde mit deutlich erkennbarem Vorsatz betrieben, es wurden also Belege vernichtet oder ein Konto im Ausland wurde genutzt, um jahrelang nicht deklarierte Aktiengeschäfte zu tätigen.

Die Übergänge zwischen »kein Verfahren« und einem Verfahren wegen leichtfertiger Steuerverkürzung können genauso fließend sein wie die zwischen der leichtfertigen Steuerverkürzung und der Steuerhinterziehung. Doch in ihrem Kern sind die Tatbestände für Straftaten beziehungsweise Ordnungswidrigkeiten deutlich formuliert. Trotz aller Offenheit in der Deutung der Paragrafen hat die deutsche Rechtsprechung präzise Regeln formuliert, um ihre Anwendung einfach zu machen. So die Theorie.

Die Beamten der Straf- und Bußgeldstelle können aber nicht alle Fälle mit der ihnen gebührenden Genauigkeit verfolgen. Von dreihundert Fällen jährlich, die auf dem Schreibtisch eines Finanzbeamten landen, werden vierzig bis fünfzig Fälle bearbeitet. Der Rest verjährt. Die Personaldecke ist dünn, nicht jeder Fall wird also verfolgt – außer, der Steuerhinterzieher macht einen der drei klassischen Fehler. Dann wird es deutlich einfacher für die Beamten.

Die Fehler der Steuerhinterzieher

Steuerhinterzieher – oder präziser formuliert: steuerhinterziehende Unternehmer – neigen dazu, die folgenden drei Fehler zu begehen, die zu ihrer Überführung führen:

Erstens: Der Rohgewinnaufschlagsatz stimmt nicht. Der Rohgewinn ergibt sich, wenn man die Einkaufskosten vom Umsatzerlös abzieht. Teilt man den errechneten Rohgewinn durch den Wareneinkauf und multipliziert das Ergebnis mit 100, erhält man den Rohgewinnaufschlagsatz in Prozent. Dieser sieht je nach Branche komplett anders aus, da sich von Wirtschaftszweig zu Wirtschaftszweig die Einkaufskosten deutlich unterscheiden. Die Einkaufskosten, die anteilsmäßig auf die einzelnen verkauften Speisen und Getränke heruntergerechnet werden können, sind in einem Restaurant verhältnismäßig gering. Der wirkliche Aufwand entsteht erst bei der Verarbeitung: Der Restaurantbetreiber muss eine Küchenmannschaft bezahlen, die die Gerichte zubereitet, und das Bedienungspersonal, das die Getränke und Speisen zum Gast bringt. Dazu kommen noch die Kosten zum Beispiel für Pacht, Strom und Heizung. Der Rohgewinnaufschlagsatz kann deshalb gut bei 280 Prozent liegen.

Anders sieht es dagegen bei Haushaltswaren aus. Hier liegt der Rohgewinnaufschlagsatz um die 72 Prozent. Dem Händler werden die Waren geliefert, die er für den Verkauf nur noch ins Regal stellen muss. Er muss im Vergleich weniger Personal einstellen und sonst »nur« noch die Kosten für Miete und dergleichen bezahlen. Ähnliches gilt für Spielwaren. Hier liegt der Aufschlagsatz bei 55 Prozent – aus den eben erwähnten Gründen: Die Ware wird geliefert, ins Regal geräumt und verkauft. Der Händler muss keine Rohstoffe einkaufen und diese verarbeiten. Da sich die Preisgestaltung sowie der Verarbeitungsgrad von Markt zu Markt unterscheiden, gibt es für jede Unternehmensform einen genau bestimmten Rohgewinnaufschlagsatz, den auch das Finanzamt kennt. Hat eine Pizzeria einen Rohgewinnaufschlagsatz von 100 Prozent, weiß selbst ein blutiger Anfänger unter den Außenprüfern, dass in dem von ihm geprüften Restaurant nicht alles mit rechten Dingen zugeht. Zwar kann ein solcher Aufschlagsatz gerade zu Beginn der Unternehmenstätigkeit vorkommen, aber niemals über mehrere Jahre Geschäftstätigkeit hinweg, ohne dass das Lokal aufhört zu existieren. Wer also eine Pizzeria betreibt, sollte darauf achten, dass sein Rohgewinnaufschlagsatz um die 280 Prozent beträgt. Natürlich nicht nur, um der Steuer gerecht zu werden. Mit einem Rohgewinn-aufschlagsatz in dieser Höhe sind die Aufwendungen des Betreibers gedeckt, die ihm durch die Pacht, den Einkauf der Zutaten, die Beschäftigung von Personal und alles weitere entstehen. Nur so kann er ökonomisch wirtschaften.

Der zweite weitverbreitete Fehler: fehlende Privatentnahmen. Eine Buchführung ohne Privatentnahmen gibt es bei Personengesellschaften extrem selten. Alles andere wäre auch unlogisch: Niemand betreibt ein Unternehmen, um die generierten Gewinne zu horten und ihnen dabei zuzusehen, wie sie sich vermehren. Doch etliche Steuerhinterzieher machen diesen Fehler und bringen die Prüfer damit auf die Spur des Schwarzgelds, von dem sie leben und das sie an der Buchführung vorbei erwirtschaftet haben. Tauchen dann keine Privatentnahmen auf, werden die Steuerbeamten stutzig und fragen nach der Mittelherkunft für den Lebensunterhalt. Gibt es keine plausible Antwort, wird je nach Größe der Familie dem Steuereinkommen des oder der Firmeninhaber ein bestimmter Betrag hinzugeschätzt und die vielleicht anders angegebene Berechnungsgrundlage der Einkommensteuer korrigiert.

Der falsche Umgang mit Schwarzgeld führt auch zu Fehler Nummer drei: Die Steuerbeamten fordern bei einer Betriebsprüfung immer grundsätzlich die Unterlagen der Kasse und der Bankkonten an. Sie stellen dabei aber keine großen Berechnungen an, sondern suchen nur nach Nullständen der Kasse oder der Konten oder danach, ob ein Bankkonto im Dispo ist. Derartige Indizien lassen sie hellhörig werden. Etliche Steuerhinterzieher machen nämlich den Fehler, Nullstände der Kasse oder ein Minus auf ihrem Konto mit Schwarzgeld auszugleichen und es damit zu »waschen«. Gibt es wieder keine plausible Antwort auf die Frage: »Woher haben Sie das Geld dafür?«, wird die Buchhaltung des Verdächtigen genauer unter die Lupe genommen – und in 95 Prozent der Fälle werden die Prüfer fündig. Manchmal ist aber auch einfach nur Kommissar Zufall zur Stelle.

Kommissar Zufall

Manche Schreiben des Finanzamtes sind für Laien nicht so leicht zu verstehen. Bei einem Schreiben, das einer meiner Mandanten erhielt, staunte auch ich nicht schlecht. Das Finanzamt wollte Auskunft über die Beziehungen meines Kunden zu einem örtlichen Antiquitätenhändler. Mein Mandant hatte mit diesem jedoch noch nie etwas zu tun gehabt. Ich rief beim Finanzamt an und erkundigte mich nach dem Hintergrund dieser Anfrage. Der Finanzbeamte zeigte sich auskunftsfreudig und berichtete mir, dass in den Unterlagen des Antiquitätenhändlers eine Rechnung an meinen Mandanten über einen Tisch und mehrere Stühle zu finden waren. Der Betrieb war vor kurzem von einem Umsatzsteuersonderprüfer besucht worden und man hatte etliche Unregelmäßigkeiten in der Buchhaltung gefunden. Die Beamten standen nun vor einem Puzzle mit abertausenden Teilen, aus denen sie die Geschäftsvorgänge der vergangenen Jahre zu rekonstruieren versuchten. Wie sich herausstellte, hatte mein Mandant nie bei dem Antiquitätenhändler eingekauft. Wenige Wochen später klingelte wieder mein Telefon. Dran war der Finanzbeamte, mit dem ich schon telefoniert hatte. Ich sollte meinen Mandanten fragen, ob er Kunde bei der Autowerkstatt Blinker gewesen sei. Ja, war er. Die Inhaber der Autowerkstatt und des Antiquitätenhandels hatten gemeinsame Sache gemacht. Der Antiquitätenhändler hatte alle Rechnungen, die er seinen Privatkunden gestellt hatte, gelöscht und neue ausgestellt. Die neuen Rechnungen unterschieden sich in der Höhe von den alten. Der Tisch und die Stühle hatten ursprünglich, wie der Finanzbeamte ermittelt hatte, 1500 Euro gekostet. Die neue Rechnung war in einer Höhe von 1400 Euro ausgestellt worden. Aus der Kundendatei der Autowerkstatt hatte sich der Antiquitätenhändler bedient, um die Rechnungen auch mit Rechnungsadressen auszustatten. Bei nahezu allen Privatkunden hatte der Händler so die Rechnungen manipuliert und ordentlich Schwarzgeld auf die Seite geschafft. Für die Privatkunden der Autowerkstatt hatte er sich deshalb entschieden, weil deren durch die gefälschten Rechnungen fiktiv »belegte« Ausgaben für Antiquitäten in keiner Buchhaltung beziehungsweise Steuererklärung auftauchen würden. Ein Geschäftskunden hätte die Käufe bei seiner Betriebs- und Geschäftsausstattung hinzubuchen müssen. Damit wäre die gefälschte Rechnung über kurz oder lang dem Verkäufer auf die Füße gefallen. Hätte der Händler nicht aus Versehen zwei Rechnungen unterschiedlicher Höhe über ein und denselben Gegenstand in einem Belegordner aufbewahrt, wäre ihm das Finanzamt wahrscheinlich nicht auf die Schliche gekommen.

Oft kommen Steuerbeamte etwaigen Steuersündern also nur mit dem richtigen Maß an Akribie und Genauigkeit auf die Spur, und nur so können sie die hinterzogenen Steuern ermitteln. Viele meiner Mandanten sind immer wieder erstaunt, wie genau die Steuerprüfer dabei arbeiten. Ich sage ihnen dann meistens: Es gibt Tage, an denen arbeiten Außenprüfer genau – und es gibt Tage, an denen arbeiten sie besonders genau.

Heute sind wir mal besonders genau!

Finanzämter führen hin und wieder sogenannte Richtsatzprüfungen durch. Hierfür wird ein Betrieb im Losverfahren ausgewählt, der eingehend geprüft wird. Die in der Prüfung ermittelten Kennzahlen werden dann als maßgeblicher Vergleichsstandard bei der Analyse ähnlicher Betriebe verwendet. Im Zuge der Außenprüfung wird dieser Betrieb also bis ins kleinste Detail unter die Lupe genommen. Jeder Geschäftsvorgang wird aufs Genaueste auf seine Stichhaltigkeit analysiert. Richtsatzprüfungen dauern oft lange und können für alle Beteiligten extrem zermürbend sein. Den Finanzbeamten geht es darum, sich das exaktestmögliche Bild von der finanziellen Lage eines Unternehmens zu machen. Dann werden verschiedene Kennzahlen ermittelt: *return on interest, working capital,* Umschlagshäufigkeit des Sachanlagevermögens. Ein ganzer Zweig der Betriebswirtschaftslehre beschäftigt sich allein mit der Erstellung, den theoretischen Hintergründen und der Anwendung dieser Kennzahlen. Mancher mag lachen, wenn diese Begrifflichkeiten, die man eigentlich aus dem Börsenteil der Tageszeitung kennt, im Zusammenhang mit einer Metzgerei aus dem oberbayerischen Nirgendwo vorkommen. Wer aber Besitzer einer Metzgerei im oberbayerischen Nirgendwo ist, der wird sich dagegen die Augen reiben. Der ausgewählte und aufs Genaueste analysierte Betrieb wird durch die Richtsatzprüfung zum Musterbetrieb. Alle gewonnenen Kennzahlen definieren dann, was nach genau vorgegebenen Kriterien als branchentypisch gilt.

Das heißt: Besucht ein Außenprüfer eine Firma, nimmt er sich zuallererst die Ermittlung bestimmter Kennzahlen vor. Im nächsten Schritt vergleicht er sie mit Daten, die durch eine Richtsatzprüfung bei einem vergleichbaren Betrieb ermittelt wurden. Manche Steuerhinterzieher gehen dem Finanzamt so meist innerhalb von einer Stunde ins Netz.

Ein klassisches Manöver bei der Prüfung besteht darin, den Anteil der Mietaufwendungen an den gesamten Aufwendungen zu bestimmen. Bei Asia-Imbissen liegt die Kennzahl beispielsweise bei zehn Prozent. Hat der geprüfte Imbiss aber einen Prozentsatz von zwanzig oder dreißig Prozent, wissen die Prüfer, dass irgendetwas im Argen liegt. »In solchen Fällen werden wir zu hundert Prozent fündig«, so ein Prüfer, mit dem ich nach einem von ihm geleiteten Seminar essen war.

Falls die Kasse ein Datev-System ist, wird den Finanzbeamten die Arbeit sogar noch leichter gemacht. Datev ist ein Software-System, das allen Anforderungen, die an eine elektronische Buchhaltung gestellt werden, gerecht wird. Die Unterlagen, die für eine Betriebsprüfung angefordert werden, umfassen inzwischen auch immer häufiger die Datev-DVDs eines Unternehmens. Wirte oder Unternehmer müssen beim Betriebsprüfungstermin also die DVD vorlegen, die vom Außenprüfer dann eingelesen wird. Da auf dieser DVD sämtliche Informationen des Unternehmens – Anlage- und Umlaufvermögen, Fremd- und Eigenkapital – gespeichert sind, lässt der Beamte einfach eine Prüfungssoftware durchlaufen, die die nötigen Kennzahlen ermittelt. So dauern Prüfungen manchmal nur eine halbe Stunde. Stimmen die Kennzahlen mit den Richtsätzen nicht überein, wird der Laptop zugeklappt und das Finanzamt macht ein Angebot. Man wird zwanzig-, dreißig- oder vielleicht auch vierzigtausend Euro zur bisher gezahlten Steuerlast hinzuaddieren – andernfalls wird die komplette Buchhaltung einer peinlich genauen Untersuchung unterzogen. Wirte und Unternehmer stimmen Letzterem nie zu. Sie bezahlen die hinzugeschätzte Steuerlast stillschweigend, denn die Schwarzeinnahmen betragen oft das Drei- oder Vierfache dessen, was die Schätzung ergibt. Weiß man allerdings, dass der Betrieb einer Richtsatzprüfung unterzogen wird, kann man das geschickt nutzen.

Ich weiß, was hier läuft

Für den Januar 2014 hatte sich bei meinem Mandanten ein Außenprüfer angekündigt. Etwas salopp formuliert könnte man sagen: Mein Mandant betreibt eine Bio-Schreinerei. Er hat sich einen Namen gemacht, vollkommen unbehandelte Hölzer zu Schränken, Tischen oder Stühlen zu verbauen. Seine Produkte werden gerne von besorgten Eltern für die Kinderzimmer ihres Nachwuchses gekauft. Die Hölzer hierfür bekommt der Schreiner von einem Freund und ehemaligen Lieferanten seines Vaters, der ebenfalls als Schreiner tätig war und für seinen Sohn immer noch den Holzeinkauf erledigt.

Das Geschäft wurde schon vor Jahren vom Vater auf den Sohn überschrieben – und da liegt der Haken. Da der Vater immer noch den Einkauf macht, stellen die Zulieferer etliche der Rechnungen auf den Vater aus. Allerdings müssen die Rechnungen, die ein Betrieb bezahlt und die er im Rahmen der Umsatzsteuerverfahren geltend macht, laut Umsatzsteuergesetz auf ihn ausgeschrieben und an ihn adressiert sein. Diese Bedingungen sind nicht erfüllt, wenn die Rechnung auf den ehemaligen Inhaber der Firma ausgestellt ist.

Bei der Prüfung durch den Finanzbeamten kam dieser Fehler ans Tageslicht. Zusammen mit meinem Mandanten saß ich nun in der Abschlussprüfung: rechts von mir mein Mandant, gegenüber der Prüfer, links von mir der zuständige Sachgebietsleiter. Der Prüfer legte los. Er hatte alle unkorrekt ausgestellten Rechnungen fein säuberlich vor sich auf einem Stapel sortiert. Sein Plan war es, meinem Mandanten den Einkauf der unbehandelten Hölzer aus der Gewinn- und Verlustrechnung zu streichen und damit nachträglich für die letzten vier Jahre den Gewinn zu erhöhen, um eine Steuernachzahlung anordnen zu können. Das hätte auch bedeutet, dass ein Teil der Umsatzsteuervoranmeldungen meines Mandanten falsch gewesen wäre und er auch Umsatzsteuer hätte nachzahlen müssen. Eine Riesensumme, die da plötzlich im Gespräch war.

Ich ließ den Prüfer erstmal reden. Auf den Cent genau legte er uns alle Summen dar und konnte sich an diversen Stellen einen vorwurfsvollen Unterton nicht verkneifen. In solchen Momenten besteht meine Taktik oft darin, zunächst eine Art Kulturvermittler zu spielen. Viele Prüfer, die ein städtisches Umfeld gewohnt sind, verstehen einfach nicht, wie die Landbevölkerung tickt. Verträge schließt man gerne per Handschlag, und nicht jedes Geschäft braucht einen Vertrag mit vier dicht beschriebenen Seiten plus zehn Seiten AGB. Man kann sagen: Ja, die sind nachlässig. Man kann aber auch sagen: Da zählt ein Wort noch was. Das sind meist so enge Gemeinschaften, in denen jeder jeden kennt, dass es sich niemand leisten könnte, unehrlich zu sein.

Dieses Pi-mal-Daumen-Geschäftsgebaren wird dann aber leider auch häufiger bei der Rechnungsstellung praktiziert. Wenn der Vater das Holz einkauft, lautet die Rechnung auf den Vater – aus, Amen. Jeder, der hier auf Genauigkeit pocht und eine neue Rechnungsstellung verlangt, wird scheel angeschaut – nach dem Motto: »Was bist du denn für ein Erbsenzähler?!?«

Ich versuchte das dem Prüfer zu erklären, aber wenn Paragrafen Kanonenkugeln wären, wäre ich wahrscheinlich in diesem Moment eine sturmreif geschossene Burg gewesen – derart feuerte der Prüfer Teile der Abgabenordnung und des Umsatzsteuergesetzes über den Tisch. Also beschloss ich zurückzufeuern. Was die buchstabengetreue Auslegung der Gesetze anging, hatte er ja grundsätzlich recht, aber um was ging es denn? Die Außenprüfung hatte keine Ungenauigkeiten ergeben. Mein Mandant hatte auch nichts hinterzogen. Der einzige Streitpunkt waren einige unkorrekt ausgestellte Rechnungen. Die darin aufgeführten Produkte hatte er alle für Betriebszwecke verwendet. Um meine Worte zu bekräftigen, zog ich einen prall gefüllten Aktenordner aus der Tasche und knallte ihn dem Prüfer hin. »Da finden Sie jeden Schrank, jeden Tisch und jeden Stuhl, der aus dem Holz gefertigt wurde, das auf den Rechnungen vor Ihnen aufgeführt ist«, feuerte ich hinterher. Die Position meines Gegenübers war deutlich schwächer geworden.

»Außerdem«, setzte ich nach, »machen Sie hier doch eine Richtsatzprüfung. Wie wollen Sie zu einem verwertbaren Ergebnis kommen, wenn Aufwendungen, die dem Betriebszweck dienen, aus der Gewinn- und Verlustrechnung gestrichen werden?« Jetzt verlor der Prüfer den letzten Rest an Siegesgewissheit.

»Woher wissen Sie das?«, fragte er mich verdattert.

»So, wie Sie mich in den letzten Wochen mit Fragen genervt haben, kann Ihre Prüfung nur eine Richtsatzprüfung gewesen sein.« Bei meinen Worten musste auch der Sachgebietsleiter grinsen. Anscheinend kannte er seinen Pappenheimer.

»Ich mache Ihnen jetzt einen Vorschlag«, setzte ich meine Überrumpelungstaktik fort. »Wir machen den Abschluss so, als seien die Rechnungen korrekt ausgestellt worden. Das entspricht zwar nicht den Buchstaben des Gesetzes, aber ich muss Ihnen nicht erklären, was qualitatives Recht ist, oder?« Er nickte. »Im Gegenzug mache ich meinem Mandanten und seinem Vater klar, wie die Rechnungen in Zukunft zu stellen sind, sodass alles korrekt ist. Wenn Sie bei der nächsten Prüfung irgendeine Rechnung in den Unterlagen meines Mandanten finden, die nicht korrekt ausgestellt ist, dürfen Sie Himmel und Hölle in Bewegung setzen, ohne dass wir uns wehren. Deal?« Damit war das Thema vom Tisch.

Ich war anschließend etwas verblüfft, dass der Finanzbeamte und sein Vorgesetzter einwilligten – sie hätten eigentlich nur die Aufwendungen, die sie herausgestrichen hatten, anschließend wieder reinrechnen müssen. Aber ich vermute, mein Vorschlag bedeutete einfach weniger Arbeit für sie. Die Personaldecke in den Finanzämtern ist derart dünn, dass die Finanzbeamten froh sind, wenn sie getreu dem Gewinnmaximierungsprinzip – möglichst hoher Gewinn bei gleichbleibenden Mitteln – arbeiten können.

Um noch etwas Wichtiges nicht zu vergessen: Ich habe bei dem Deal ein bisschen gelogen. Wenn die Rechnungen das nächste Mal wieder nicht stimmen, werde ich mich trotzdem mit Händen und Füßen wehren. Als Steuerberater bin ich meinen Mandanten verpflichtet – und nicht dem Finanzamt.

Ich leg mein Geld beim Finanzamt an

Einer meiner Mandanten, Roland Kollwitz, war während seines Arbeitslebens Manager bei Siemens. Für das Unternehmen übernahm er etliche Restrukturierungsmaßnahmen, vor allem im Ausland und in der ehemaligen DDR kurz nach dem Mauerfall. Herr Kollwitz ist gut informiert, was Anlagemöglichkeiten betrifft. Sein Geld legt er ganz klassisch in festverzinsliche Wertpapiere und konservativ ausgelegte Fonds an. Etwa neunzig Prozent seines Vermögens sind so angelegt. Mit den restlichen zehn Prozent zockt er. Nicht in dem Sinne, wie man es kennt – also Aktien, Optionsscheine oder Day-Trading. Kollwitz' Strategie besteht vielmehr darin, Unternehmensanteile zu kaufen. Als stiller Teilhaber kassiert er Gewinnbeteiligungen, und damit konnte er sein Vermögen seit seiner Frühverrentung nahezu verdoppeln.

Eine seiner letzten Beteiligungen war die an einer Schifffahrtsgesellschaft. Aufgrund diverser vermeintlicher Unregelmäßigkeiten leitete das Finanzamt ein Steuerstrafverfahren gegen die Gesellschaft und meinen Mandanten als stillen Teilhaber ein. Kollwitz flatterte ein Strafbescheid ins Haus, der sich gewaschen hatte. Wir besprachen einige Strategien, bis ich ihm eines Tages riet: »Herr Kollwitz, wir machen das jetzt einfach so: Sie legen Ihr Geld beim Finanzamt an.« Er kapierte sofort, was ich meinte.

Das Verfahren gegen meinen Mandanten und die Gesellschaft war Anfang 2012 eröffnet worden. Kollwitz zahlte die veranschlagte Summe samt den gesetzlich bestimmten sechs Prozent Strafzinsen. Das Verfahren zog sich bis Anfang 2014 hin. Als Gewinner daraus ging die Schifffahrtsgesellschaft und damit mein Mandant hervor. Laut Gesetz ist das Finanzamt nun verpflichtet, die ungerechtfertigt von Kollwitz eingezogenen Gelder zurückzuzahlen – ebenfalls mit einem Zins von sechs Prozent, um etwaige Wertverluste durch den ungerechtfertigten Kapitalentzug zu entschädigen. Da die Staatskasse bei der Rückzahlung ihrer Verpflichtungen häufig extrem langsam ist – auch ist noch nicht entschieden, ob die Finanzbehörden Berufung oder Revision einlegen –, wird mein Mandant sein Geld voraussichtlich erst 2016 mit besagter Verzinsung von sechs Prozent zurückbekommen.

Wie sich die Zinsen am Kapitalmarkt in den nächsten beiden Jahren entwickeln werden, ist kaum vorherzusagen. Was man mit Sicherheit aber sagen kann, ist, dass sie deutlich unter sechs Prozent bleiben werden. Mit etwas Glück wird Kollwitz sein Geld 2016 also vier Jahre lang zu sechs Prozent Zinsen angelegt haben – und das in einem Marktumfeld, in dem man mit Spitzensätzen von maximal zwei bis drei Prozent rechnen kann.

Wer weiß, wie's läuft, weiß mehr

Etliche meiner Mandanten kommen zu mir, wenn ihr Einkommen und die damit verbundenen Steuerleistungen ein Ausmaß annehmen, das einen erhöhten Aufwand bei der Steuererklärung mit sich bringt. Mit steigendem Einkommen vervielfachen sich auch meist die Möglichkeiten, abzugsfähige Leistungen geltend zu machen. Da dies ein komplexes Gebiet ist, kommen meine Mandanten zu mir und erzählen mir gerne, wie sie versucht haben, die Steuer auszutricksen.

Manuel Gottlöber ist als Trainer im Vertriebsbereich tätig und gehört zur Spitze der Szene in Deutschland. Schon als er Handelsvertreter war, hatte er seinen zukünftigen Erfolg im Blick. Er besuchte jede Menge Fachseminare und kämpfte sich durch die Fachliteratur. Am liebsten hielt er in Antiquariaten nach alten Büchern Ausschau, da er diese meist gelungener fand als diejenigen, die aktuell auf dem Markt waren. Für 130, 140 Mark erstand er damals so manche Rarität. Die Damen und Herren Antiquare notierten meist ein wenig aus Faulheit nur »Fachbuch« auf der handgeschriebenen Quittung, die Gottlöber dann als Beleg beim Finanzamt einreichte. Diese strichen ihm – logischerweise – die Quittung aus der Steuer. Belege über Fachliteratur müssen immer den Titel, den Autor und den Preis eines Buches beinhalten, da der Steuerschuldner sonst ja auch seinen Lieblingsroman von der Steuer absetzen könnte. Gottlöber wollte das aber nicht auf sich sitzen lassen. Etliche Schriftwechsel gingen hin und her, und nach drei Monaten musste der Einspruch den Regeln gemäß an die Rechtsbehelfsstelle des Finanzamtes abgegeben werden. Der dort zuständige Sachbearbeiter überprüfte den Fall und berechnete, dass eine Anerkennung des Buches als Fachliteratur zu einer Reduzierung von Gottlöbers Steuer um ungefähr 15 Mark führen würde. Er erteilte Gottlöber sofort einen Bescheid, der ihm Recht gab. Der Hintergrund: Eine Fortsetzung der Auseinandersetzung hätte sich für das Finanzamt nicht gelohnt. Da der Handelsvertreter von einem Bekannten wusste, dass das Finanzamt in solchen Fällen so verfahren würde, brachte er auf diese Weise einige falsch ausgestellte Quittungen durch. Doch die Steuerlast lässt sich mit einem Trick und der Zustimmung des Finanzamts noch deutlich stärker optimieren.

Mehr kann man nicht verlangen

»Warten Sie, ich hole Ihnen mal kurz das Schreiben.« Mein Mandant sprang auf, verließ den Raum, und man konnte im Hintergrund das Klacken eines Aktenordners hören. Er kam wieder zurück und legte dem Außenprüfer und seinem Abteilungsleiter einen Zettel hin.

»Bitte schön.« Herr Riedele, mein Mandant, ließ sich in seinen Sessel fallen und blickte die beiden gespannt an.

»Sehr geehrter Herr Riedele«, las der Außenprüfer vor. »Herzlichen Dank für Ihre Anfrage. Wir wären an einem Erwerb Ihres Mercedes SLK interessiert und würden Ihnen dafür 21 420 Euro bieten. Mit freundlichen Grüßen ...« Der Außenprüfer ließ das Blatt sinken.

»Ich hab mir das nicht aus den Fingern gesogen. Ich finde das unverschämt, dass sie so etwas behaupten.« Mit festem Blick fixierte er den Außenprüfer.

»Aber das ist doch ein viel zu niedriges Angebot für den Wagen«, erwiderte dieser. »Der ist doch locker sechstausend oder achttausend Euro mehr wert!«

»Was soll er denn machen? Das ist eines der renommiertesten Autohäuser Münchens. Soll er denen nicht glauben, oder was? Ein Gutachten bei einem unabhängigen Gutachter für so was in Auftrag zu geben ist ein bisschen übertrieben«, warf ich in die Runde. Der Außenprüfer blickte auf die Adresse, dann sah er den Abteilungsleiter an.

»Wenn das so ist«, jetzt schaltete sich auch der Abteilungsleiter ein, »können wir Herrn Riedele keinen Vorwurf machen. Er hat nach bestem Wissen und Gewissen gehandelt«. Damit war die Sache vom Tisch.

Was da vor meinen Augen passiert war, war ganz großes Kino – einerseits, was Herrn Riedeles Schauspielkunst betraf, aber auch hinsichtlich seiner Bilanztricksereien. Herr Riedele hatte dem Anlagevermögen seines kleinen Unternehmens einen Mercedes SLK entnommen und diesen in sein Privatvermögen überführt: zu einem Wert, der weit unter dem Preis lag, der für einen Mercedes – selbes Baujahr, gleicher Kilometerstand – auf dem Gebrauchtwagenmarkt bezahlt wurde. Die Privatentnahme, die in den Augen des Finanzamtes zu niedrig war, belegte er durch ein Angebot eines Autohauses, das ihm genau den Preis zahlen würde, zu dem er den Wagen aus dem Firmenvermögen entnommen hatte. Was nicht in dem Brief erwähnt wurde, war ein Anruf, den Herr Riedele einige Tage vorher gemacht hatte.

Er hatte dem Verkäufer erzählt, dass er den Wagen schnellstmöglich verkaufen wolle. In Deutschland wolle er seine Zelte so rasch es ging abbrechen – seine Frau habe sich von ihm scheiden lassen und ihm den Umgang mit den Kindern verboten. Er sehe sein Heil in den Vereinigten Staaten und wolle auswandern. Deswegen müsse jetzt auch dringend der Wagen weg – koste es, was es wolle. An einen dieser privaten Ankäufer aus dem Ausland wolle er nicht verkaufen, spielte er dem Verkäufer am Telefon vor, die würden ihn wahrscheinlich nur ausrauben wollen. Wenige Tage später kam per Post ein Angebot. Der Verkäufer des Autohauses wollte Riedeles vermeintliche Notlage nutzen und den Gebrauchtwagen günstig erwerben. Doch Herr Riedele meldete sich nicht mehr. Er entnahm den Wagen dem Firmenvermögen und verkaufte ihn nach Ablauf einer gewissen »Spekulationsfrist« privat an einen Gebrauchtwagenhändler in seiner Umgebung, der ihm natürlich den marktüblichen Preis bot. Herr Riedele schlug damit gleich mehrere Fliegen mit einer Klappe.

Hätte er den Wagen verkauft, als dieser vollständig abgeschrieben in seiner Bilanz stand, hätte er seinen Gewinn damit künstlich erhöht. Um das zu verstehen, muss ich kurz auf das Thema »Abschreibungen« eingehen. Sinn und Zweck von Abschreibungen ist es, den Werteverzehr eines Anlagegutes widerzuspiegeln. Jedes Jahr wird der Wert, mit dem es in der Bilanz steht, nach einem bestimmten System verringert. Den Betrag, um den das Anlagegut verringert wird, kann der Unternehmer als Verlust geltend machen. Wird ein Anlagegut zu einem Preis verkauft, der über dem Buchwert liegt, muss der Unternehmer den Unterschiedsbetrag zwischen Buch- und Verkaufswert als außerordentlichen Gewinn in die Gewinn-und-Verlustrechnung aufnehmen. Um dies zu umgehen, hatte mein Mandant das Angebot des Autoverkäufers eingeholt. So konnte er den Firmenwagen mit Verlust entnehmen. Privat verkaufte er ihn dann natürlich zum Marktpreis und konnte damit geschickt seine Steuerlast optimieren.

Der Staat macht's möglich!

Ich habe hier ausführlich die Taktiken und Techniken der Finanzbeamten geschildert. Eine berechtigte Frage mag lauten, wieso es dann immer noch zu Steuerhinterziehung kommt. Warum sind Menschen wie Alice Schwarzer oder Uli Hoeneß nur die Spitze eines Eisbergs von der Größe eines Achttausenders? Nein, ich übertreibe nicht. Der Schaden, der durch Steuerhinterziehung entsteht, ist schwer zu schätzen – Zahlen, die hier genannt werden, variieren stark. Manche Experten gehen von 500 bis 600 Millionen Euro in Deutschland pro Steuerjahr aus, andere beziffern den Schaden auf 65 Milliarden jährlich.

Die Gründe dafür sind – neben der schlechten Steuermoral mancher – auch politisch: Die Anstellung von Finanzbeamten wird von den Bundesländern getragen. Diese sind es, die für deren Gehälter und später deren Pensionen aufkommen müssen. Aufgrund verschiedener Verteilungsschlüssel profitieren die Bundesländer aber nicht ausreichend von höheren Steuereinnahmen, die sich durch die zusätzliche Einstellung von Steuerbeamten ergäben – jeder Steuerbeamte erwirtschaftet erwiesenermaßen ein Vielfaches seines Gehalts. 50 Prozent der Körperschafts- und Gewerbesteuer müssen aber von den Ländern an den Bund abgegeben werden. 57,5 Prozent der Lohn- und Einkommensteuer und 55,9 Prozent der Mehrwertsteuereinnahmen gehen unterschiedlich verteilt an den Bund und die Gemeinden. Das Kosten-Nutzen-Verhältnis bei der Einstellung von Personal in der Steuerverwaltung innerhalb eines Bundeslandes spiegelt also nicht den tatsächlichen Mehrwert wider, den ein Steuerbeamter für den Staat tatsächlich hat. So ist für die Länder eine Aufstockung des Personals finanziell nicht interessant, was Personalmangel zur Folge hat.

Nicht umsonst titelte die *FAZ* vor einigen Monaten: Wir verfolgen einen Ferrari mit dem Dreirad. In dem dazugehörigen Artikel kamen Finanzbeamte zu Wort, die über die mangelnde Infrastruktur und zu wenig Personal in ihren Behörden klagten. Dabei lohnt sich die Anstellung von zusätzlichem Personal in den Finanzämtern: Jeder Finanzbeamte bringt durch seine Arbeit das eigene Gehalt um ein Vielfaches wieder herein. Zu welch schrägen Geschäftsmodellen diese personelle Unterbesetzung aber führen kann, erfuhr ich Anfang 2011.

Ein Steuerumherziehungsmodell

Ich war bei einem Mandanten in Norddeutschland, um dort bei einer Betriebsprüfung zugegen zu sein. Jeder kennt das Verhalten von kleinen Kindern, die Erwachsenen Löcher in den Bauch fragen. Der zuständige Außenprüfer verhielt sich ähnlich. Den gesamten Tag schaffte ich es nicht, essen zu gehen. Als ich endlich aus dem Betrieb herauskam, wollte ich in keine der Wirtschaften vor Ort gehen. Die Portionen, die dort erfahrungsgemäß serviert wurden, waren einfach zu groß für diese Uhrzeit. Also marschierte ich zum Marktplatz und bestellte mir beim »Wander-Imbiss« – so hieß die fahrende Imbissbude – eine Currywurst. Ich bin eigentlich nicht der Typ für Fast Food, aber »in der Not frisst der Teufel Fliegen«, wie es so schön heißt.

Ich kam mit dem Betreiber ins Gespräch – es war knapp nach elf Uhr abends, und weit und breit war keine Menschenseele. Als er erfuhr, dass ich Steuerberater bin, beugte er sich verschwörerisch zu mir herunter und fragte mich: »Können Sie ein Geheimnis für sich behalten?« Ohne meine Antwort abzuwarten, legte er los. Endlich konnte er jemandem seine Geschichte erzählen.

Seinen Betrieb hatte er vor knapp zwanzig Jahren aufgemacht. Damals hatte er noch einen richtig großen Imbiss mit etlichen Sitzplätzen betrieben. Nach gut acht Jahren Geschäftstätigkeit wurde eine Betriebsprüfung anberaumt, und da der Inhaber offenbar nicht mal das kleine Einmaleins der Steuerhinterziehung beherzigt hatte, flog er auf. Er wurde nicht nur mit einer hohen Nachzahlung belegt, sondern gegen ihn wäre beinahe auch ein Verfahren wegen Steuerhinterziehung eröffnet worden, hätte ihn sein Steuerberater nicht mit allen ihm zur Verfügung stehenden Tricks herausgepaukt. In verschwörerischem Ton sagte er zu mir: »Ich stand damals vor der Wahl, ehrlich zu werden – oder mir etwas einfallen zu lassen.« Tatsächlich ließ er sich etwas einfallen – und war richtig kreativ dabei.

Aufgrund der spärlichen Besetzung der deutschen Finanzämter findet in jedem Betrieb statistisch gesehen eine Betriebsprüfung alle zehn Jahre statt. Dabei erwischt es manche Betriebe häufiger, andere sehen nie einen Außenprüfer. Der Imbissbuden-Inhaber stellte sein Geschäftsprinzip nun radikal um. Alle drei Jahre schloss er seinen Laden und meldete die dazugehörige Firma um. Dadurch waren immer wieder verschiedene Finanzämter für ihn zuständig. Sogenannte Erstbesuche, wie etwa in Holland, gibt es nicht. Wird dort eine Firma eröffnet, steht binnen Jahresfrist das Finanzamt zu einem »Willkommensbesuch« vor der Tür. Der Imbissbuden-Inhaber war aufgrund seiner Taktik zwölf Jahre lang von keinem Außenprüfer behelligt worden. Mit dem Schwarzgeld, das sein Betrieb abwarf, kaufte er seiner Frau Schmuck und dem Sohn stets den neuesten Laptop. Darüber hinaus unterstützte er großzügig den Rest der Familie.

Ein Prüfungsabstand von zehn Jahren ist deutlich zu lang. Zahlreiche Betriebe existieren nicht länger als einige Jahre. Weil das Finanzamt so selten prüft, entgehen dem Staat laut Schätzungen von Experten Summen in Milliardenhöhe.

An der Schnittstelle von Theorie und Praxis. Der Finanzbeamte

Es hatte geschneit. Ich blickte auf die Uhr in meinem Auto – 7:29 Uhr –, um zu überprüfen, ob ich noch gut in der Zeit lag. Ich hoffte, dass mir der Schneefall keinen Strich durch die Rechnung machen würde. Für heute hatte sich ein Außenprüfer im Betrieb eines meiner Mandanten angekündigt. Ich war eigentlich zeitig losgefahren, aber aufgrund des Schneefalls musste ich mein Tempo dramatisch senken.

Mit 40 Stundenkilometern rutschte ich die Landstraße entlang, als mein Telefon klingelte. Mit einem Wischer auf dem Handydisplay nahm ich ab und schon krähte die Stimme meines Mandanten aus der Freisprechanlage.

»Richie!! Ich hab den größten Fehler meines Lebens g'macht!«, plärrte mir mein Mandant entgegen.

Er hatte den Außenprüfer des Finanzamtes mit dem neuen Hausmeister verwechselt. Auch dieser hatte sein Kommen für heute angekündigt. Da die Person im grauen Kittel schon um 7:30 Uhr auf dem Hof stand, war mein Mandant davon ausgegangen, das sei der neue Hausmeister. Weit gefehlt!

Ich weiß nicht, welchem modischen Trend der Finanzbeamte hinterher oder voraus war – er hatte aber auf jeden Fall das typische braune Cordkäppi und die graue Arbeitsjacke eines Hausmeisters an.

Die Prüfung meines Mandanten ging in einer sehr ange-
spannten Atmosphäre vor sich, obwohl er sich mit aufrichtigem
Bedauern entschuldigt hatte, und nur der umsichtigen Arbeit
der Buchhaltung war es zu verdanken, dass der morgendliche
Fauxpas meines Mandanten ihm nicht »auf die Füße fiel«.

Das deutsche Steuersystem ist in der Theorie eines der besten
der Welt – sein oberstes Prinzip ist Steuergerechtigkeit. Es wird
deshalb auch gerne als ein System der Einzelfälle bezeichnet.
Jeder Steuerpflichtige wird gemäß seiner finanziellen Leistungs-
kraft belastet. Ärmere und Wenigverdiener werden mit geringeren Beträgen zur Kasse gebeten. Besserverdiener müssen mit
höheren Abgaben rechnen, da sie – so die Meinung des Gesetz-
geber – proportional mehr von ihrem Einkommen entbehren
können als Bürger mit niedrigeren Einkommen.

Wo genau die Grenzen zwischen gerecht und ungerecht liegen, wird oft diskutiert. Von der Wissenschaft. Von der Politik.
Von den Steuerpflichtigen. Aber man kann sagen: Alles in
allem – ein fairer Deal. Rein theoretisch.

Der Finanzbeamte im Allgemeinen …

An der Schnittstelle zwischen Gesetz und Realität sitzen die Finanzbeamten. Was diese bei ihren Entscheidungen antreibt,
konnte ich lange nicht nachvollziehen. Bis ich eine Erklärung
für mich gefunden hatte.

Finanzbeamte machen eine Ausbildung zum Diplomfinanz-
wirt. Diese beinhaltet ein duales Studium, das Präsenzzeiten an
der Beamtenfachhochschule und in verschiedenen Finanzämtern und deren Abteilungen vorschreibt. Das sind drei Jahre, die
wahrlich kein Zuckerschlecken sind. Finanzbeamte werden
nicht nur im Steuerrecht, sondern auch in allen anderen Rechts-

gebieten – etwa Privat-, öffentliches oder Verwaltungsrecht – ausgebildet.

In der Praxis sind Finanzbeamte dann häufig mit Menschen konfrontiert, die im Prinzip dasselbe wie sie gelernt haben, dieselbe Ausbildung absolviert haben und die gleiche Berufspraxis haben – aber nicht dasselbe Einkommen. Sie haben mit Steuerberatern und Rechtsanwälten zu tun, die, was das Fachwissen angeht, nicht annähernd mit ihnen in derselben Liga spielen – sondern eher darunter. Aber für das Gehalt gilt leider oft das Gegenteil. Befördert werden sie nur, wenn irgendwo jemand stirbt oder in Rente geht. Leistungsgerechte Bezahlung? Fehlanzeige. Umstände, die eine Einstellung fördern können, die Rechthaberei und Machtmissbrauch mit sich bringen.

Das geringste Problem ist noch die von einigen betriebene Salamitaktik, die darin besteht, immer wieder Unterlagen nachzuverlangen. Vor jeder Betriebsprüfung geht eine Liste an den Steuerberater beziehungsweise an den Mandanten, in der genau aufgeführt wird, welche Unterlagen bei der Prüfung vorzulegen sind: Kassenberichte, Kontoauszüge, Leasingverträge. Dass hin und wieder mal etwas vergessen wird, ist verständlich, aber manche Beamte scheinen sich einen Sport daraus zu machen, immer wieder neue Bescheinigungen und Berichte nachzuverlangen. Teilweise landen innerhalb von zwei Wochen vier E-Mails in meinem Postfach, in denen etwas nachverlangt wird, was dringend nachzureichen ist. Ich weiß nicht, ob das eine Zermürbungstaktik ist oder ob da manche einfach nur schusselig ihren Job erledigen. Auszubaden hat es der Steuerberater. »Richie! Was soll das?«, höre ich meine Mandanten dann am Telefon. »Was brauchst du noch alles?« Mit einiger professioneller Distanz lässt sich so etwas aushalten. Viele Mandanten nehmen das Verhalten der Finanzbeamten aber schnell persönlich.

… und im Besonderen

Wenn man einen neuen Mandanten bekommt, geht man oft dessen steuerliche Vergangenheit durch. Dabei erzählte mir ein Metzger eine befremdliche Geschichte: Einige Jahre zuvor hatte eine geplante Betriebserweiterung nicht das erhoffte Mehr an Kundschaft gebracht. So blieb der Metzger auf einem Berg Schulden sitzen. Er hatte sich schlichtweg verkalkuliert. Der Betrieb musste Insolvenz anmelden und wurde abgewickelt. Als der Stress zu groß wurde, beschloss die Familie, sich eine Auszeit zu gönnen. Keine große Sache. Ein Freund stellte ihnen ein Haus in den Bergen zur Verfügung, die Verpflegung übernahmen die drei selbst – es war kein großer, aufwendiger, und vor allem kein teurer Urlaub. Vater, Mutter und Tochter wollten einfach kurz den Kopf freikriegen, neue Kräfte sammeln und dann weitermachen. Als der Metzger kurz nach dem Urlaub zur Vollstreckungsstelle ging, war das Erste, was er hörte, als er das Arbeitszimmer des zuständigen Beamten betrat: »Wie fühlt man sich, wenn man beim Finanzamt Schulden hat und trotzdem in Urlaub fährt?«

Um ehrlich zu sein, ich habe mich das schon auch gefragt. Es ist nicht gerade naheliegend, in so einer Situation in Urlaub zu fahren. Aber der Metzger hatte recht: Es bringt nichts, das Unglück auszusitzen. Ein Ortswechsel, und damit ein Perspektivwechsel, ist oftmals nicht das Schlechteste, um eine Lage neu zu beurteilen. Vielleicht sollte man das dem Finanzbeamten sagen. Der Metzger hatte nämlich umgesattelt. Die Frau – eine gelernte Köchin – eröffnete ein kleines Bistro. Ihr Mann steht jetzt in der Küche und kocht kleine Schmankerl, die Tochter bedient nach der Schule und die Frau macht mit die beste Quiche in der Umgebung. Am Wochenende ist das kleine Bistro gerammelt voll und unter der Woche ist besonders zur Mittagszeit die

Hölle los. Mein Mandant ist damals mit einer blöden Bemerkung davongekommen – einem anderen meiner Mandanten wären hingegen durch den Fehler eines Finanzbeamten womöglich Kosten in fünfstelliger Höhe entstanden.

Keine Gefangenen!

Oliver Gerke ist Professor für Neuere Deutsche Literaturwissenschaft und Medien. Wie viele andere Menschen auch besitzt er ein Aktienportfolio. In den Vereinigten Staaten hielt er einige Anleihen, durch die er jährlich Einnahmen in Höhe von 922 Euro erzielte. Kein großer Betrag – zumindest wenn man das Komma an der richtigen Stelle macht.

Die amerikanische Steuerbehörde IRS meldete den Betrag an die deutschen Beamten. Die Kollegen aus Übersee vergaßen aber das Komma. So wurden aus 922,00 Euro 92 200 Euro.

Binnen weniger Tage bekam mein Mandant das komplette Programm serviert: Hausdurchsuchung, Verfahren durch die Straf- und Bußgeldsachenstelle des Finanzamtes, ja sogar die lokale Presse stürzte sich auf diese »Affäre« und machte Bilder von den Beamten, wie sie bergeweise Aktenordner und Bücher eines Gilles Deleuze oder Niklas Luhmann aus dem Haus trugen.

Mein Mandant kam vollkommen panisch in meine Kanzlei. Er hatte ein Schreiben dabei, in dem ihn die Straf- und Bußgeldsachenstelle über die sechsstellige Nachzahlungsforderung informierte und ihm gleichzeitig mitteilte, dass ein Steuerstrafverfahren gegen ihn eingeleitet worden sei. In dem Brief wurde er auch über sein Rechte informiert: Er habe das Recht zu schweigen. Aber alles, was er sage, könne gegen ihn verwendet werden. Man kennt das aus dem Fernsehen. Vollkommen außer sich lief er in meinem Zimmer auf und ab und wollte sich einen Strafverteidiger nehmen. Ich konnte ihn zwar nicht wirklich beruhigen, aber ihn zumindest davon überzeugen, dass es Sinn machen würde, wenn ich mit den zuständigen Beamten telefonierte. Kurzerhand rief ich an und konnte den Beamten die Geschichte aus dem Blickwinkel meines Mandanten erzählen. So richtig glauben wollten sie mir nicht, bis ich ihnen erklärte, dass eine Verfolgung meines Mandanten zu wenig führen werde. Am Ende des Verfahrens würde er recht bekommen, während sie ihre Zeit verschwendeten, in der sie ein paar deutlich größere Fische würden fangen können. Schon am Tag darauf bekam ich Bescheid, dass das Verfahren eingestellt würde. Die amerikanischen Kollegen hätten die Version meines Mandanten bestätigt. Wäre das Verfahren eröffnet worden, hätte sich mein Mandant einen Strafverteidiger nehmen und mit mindestens zehntausend Euro in Vorleistung gehen müssen, um seinen rechtlichen Anspruch durchzusetzen.

Wir können auch anders …

Etliche meiner Mandanten sind im Imbiss- und Gaststättengewerbe tätig. Vor einigen Jahren stand mal wieder eine Betriebsprüfung für einen meiner Mandanten an, der eine Imbissbude betreibt. Die Prüfung fand in meiner Kanzlei statt. Der Prüfer war ausgesprochen höflich, wir sprachen knapp eine halbe Stunde über dies und das – kannten wir uns doch schon einige Jahre. Meine Sekretärin brachte die Bücher meines Mandanten, und der Außenprüfer legte los – ganze 15 Minuten lang.

Dann klappte er die Bücher zu und meinte: »Wir können das doch auch ganz flott hinter uns bringen.« Fragend blickte ich ihn an. »Wir wissen doch beide, dass bei diesen Imbissbudenbesitzern nie die Buchhaltung stimmt. Die verkaufen doch immer mehr, als sie angeben.«

»Ich habe alle Angaben meines Mandanten korrekt gebucht und anhand der entsprechenden Aufschlagsätze geprüft. Den Informationen zufolge, die ich habe, werden Sie in den Büchern nichts finden«, antwortete ich ihm.

Noch bevor der Prüfer antwortete, kam meine Sekretärin ins Zimmer.

»Herr Lechner, da ist ein Mann von der Straf- und Bußgeldstelle, der meint, einen Termin bei Ihnen zu haben. Da steht aber nichts in Ihrem Kalender«, sagte sie etwas irritiert.

Ohne irgendeine Aufforderung meinerseits abzuwarten, betrat er an meiner Sekretärin vorbei das Zimmer.

»Das ist Herr Lindner von der Straf- und Bußgeldstelle«, stellte der Außenprüfer den Kollegen vor. »Sie haben jetzt 15 Minuten Zeit, um sich zu entscheiden. Entweder Sie akzeptieren, dass wir dreißigtausend Euro zu den Einkünften Ihres Mandanten dazuschätzen, oder Herr Lindner leitet ein Strafverfahren ein – dann wird die komplette Buchhaltung Ihres Mandanten auseinandergenommen, und Sie kriegen wir mit Sicherheit auch dran, Herr Lechner, wegen Beihilfe zur Steuerhinterziehung. Na, was meinen Sie?«

»Ich würde erst mal gerne mit meinem Mandanten telefonieren, wenn's recht ist?«, antwortete ich dem Außenprüfer, der mich nach seiner Ansage mit einem besonders bedrohlichen Blick niederzustarren versuchte. Ich nahm den Hörer ab und wählte die Nummer meines Mandanten. Seine Sekretärin verband mich schnell weiter und ich setzte meinem Mandanten die Lage auseinander. Der meinte, ich solle zustimmen. Er flüsterte, dass die Schwarzeinnahmen dreimal so hoch seien und er noch diverse Konten in der Schweiz habe. Würden all diese Verflechtungen bekannt, wäre das sein Untergang. Für eine Sekunde gelang es mir kaum noch, mein Pokerface beizubehalten, doch ich ließ mir nichts anmerken und fing mich wieder. Einer der beiden war gerade mit dem Griff seiner Tasche beschäftigt. Der andere blickte aus dem Fenster und war mit den Gedanken offenbar ganz woanders. Ich bedankte mich bei meinem Mandanten für das Gespräch, legte auf und wandte mich nachdenklich an die beiden Beamten.

»Wenn wir den Deal diese Woche über die Bühne bringen, stimmen wir zu.« Fest fixierte ich die beiden mit meinem Blick.

»Äääh … Wieso genau diese Woche?«, fragte der, der mir als Herr Lindner vorgestellt worden war.

»Nun, wenn das Steuerverfahren diese Woche abgeschlossen wird, hat mein Mandant Kapital, das nicht gebunden ist und das er sofort investieren kann.« Die beiden blickten sich an.

»Dafür muss die Sache aber – wie gesagt – in dieser Woche gelaufen sein«, fügte ich hinzu.

Beide nickten. Damit war der Deal besiegelt.

Wer hat da jetzt eigentlich was davon?

Der beschriebene Fall grenzt fast schon an Erpressung. Man kann es den Beamten aber auch nicht verübeln. Sie kennen ihre Pappenheimer und wissen, wie sie mit ihnen umgehen müssen – holen sie doch genau auf diese Art und Weise wenigstens etwas von dem Geld herein, das dem Staat zusteht. Dazu muss man wissen: Steuerfahnder haben meist nur begrenzte Möglichkeiten. Die Finanzämter sind oft nicht mit den personellen und infrastrukturellen Mitteln ausgestattet, die es ihnen erlauben würden, jeden Steuersünder zur Rechenschaft zu ziehen. Da greifen Finanzbeamte nach jedem Strohhalm, der sich ihnen bietet. Doch nicht nur nach Strohhalmen wird gern gegriffen.

Kurz vor Weihnachten kam eine Betriebsprüferin des Finanzamtes in meine Kanzlei, um einen meiner Mandanten zu prüfen. Die Prüfung lief fair und professionell ab, und als die Bücher geschlossen waren, wollte ich der Prüferin eine Flasche Champagner mitgeben. Das ist bei mir zu Weihnachten einfach Usus: Geschäftspartner – und dazu gehört für einen Steuerberater auch das Finanzamt – bekommen ein Weihnachtsgeschenk.

Ich bot der Außenprüferin also aus einer vorweihnachtlichen Laune heraus die Flasche Champagner an. Erst zierte sie sich, dann rückte sie mit der Sprache heraus. Der Sekt sei zu teuer und übersteige die Wertgrenze, bis zu der Geschenke angenommen werden dürften. Außerdem, fügte sie hinzu, gebe es eine Anordnung »von oben«, dass bei einer Außenprüfung Geschenke grundsätzlich nicht anzunehmen seien. Ich verwies darauf, dass die Außenprüfung bereits abgeschlossen sei – weder ich noch mein Mandant hätten zum jetzigen Zeitpunkt etwas davon, sie zu bestechen. Auch würden wir keinen Vorteil erhalten, wenn ich ihr jetzt den Champagner überreichte – die Bücher waren, wie ich schon erwähnt hatte, geschlossen. Außerdem war doch auch Weihnachten.

Sie zierte sich noch ein wenig und beschloss dann, ihren Chef anzurufen. Als sie mir das Gespräch mit ihm schilderte, klappte mir die Kinnlade herunter: Sie dürfe zwar die Flasche nicht persönlich als Geschenk annehmen, aber doch stellvertretend für die Abteilung. Bei der bald anstehenden Weihnachtsfeier könne sich dann jeder in der Abteilung ein Gläschen gönnen. Ich wusste, dass in dieser Abteilung knapp fünfzig Beamte tätig waren. Das waren keine Gläschen, sondern Schlückchen, mit denen sich jeder aus der Abteilung würde begnügen müssen. Unter diesen Umständen beschloss ich, die Flasche zu behalten. Mein Dank galt schließlich nicht der Abteilung, sondern der Prüferin, die meinen Mandanten fair behandelt hatte. Dass man aber auch ans Ziel kommen kann, wenn man eine Abteilung beschenkt, zeigte mir eindrucksvoll ein anderer Mandant.

Gewusst wie

Zum fünfjährigen Jubiläum meiner Kanzlei veranstaltete ich ein kleines Kanzleifest. Mandanten, die ich über die letzten Jahre begleitet hatte, waren ebenso eingeladen wie Unternehmer, die ich hoffte, bald als Mandanten begrüßen zu dürfen.

Ich stand mit zwei Mandanten zusammen. Einer von ihnen war schon ein bisschen angesäuselt und schwärmte dem anderen, einem Uhrenmacher, vor, wie ich ihn bei der letzten Betriebsprüfung aus seinem selbstfabrizierten Schlamassel herausgepaukt hatte. Als mein etwas angeschickerter Mandant Richtung Buffet verschwand, kam ich ins Grübeln. Bei dem Uhrenmacher hatte in den letzten acht Jahren nie eine Außenprüfung stattgefunden. Verwundert brachte ich das zur Sprache, und er hatte auch eine Erklärung dafür.

Pünktlich zum Jahresende und kurz bevor die Zeit der Betriebsprüfungen losging, schickte er regelmäßig einen Präsentkorb an das Finanzamt, adressiert an die für ihn zuständige Abteilung. In diesem Präsentkorb waren verschiedenste Leckereien, von denen im Grunde nur eine wirklich wichtig war. Denn der für ihn zuständige Finanzbeamte war ein Kaffeeliebhaber, und das wusste mein Mandant. Sie werden spöttelnd einwerfen, dass Kaffee trinken recht weit verbreitet ist. Nicht so weit verbreitet aber sind die Kaffeefeinschmecker.

Bei Kaffee gibt es – wie bei jedem anderen Wirtschaftsprodukt auch – eine ganze Reihe von Qualitätsabstufungen. Das, was die meisten von uns trinken, ist schnell gerösteter Industriekaffee, der wach macht und ansonsten hauptsächlich bitter schmeckt. Für höherpreisige Kaffees müssen die Kaffeekirschen beim Pflücken von Hand bereits genau ausgewählt und ihre Bohnen danach in ausgeklügelten Verfahren auf das geschmackliche Optimum hin geröstet werden. Der Geschmack solcher Kaffees kann dabei von fruchtig bis schokoladig reichen. Genau solche Kaffees liebte der Finanzbeamte, der für meinen Mandanten zuständig war. Da seine Kollegen nichts mit den Kaffees anfangen konnten, die für Otto Normalverbraucher teils sehr ungewohnt schmecken, konnte der Finanzbeamte sie allein genießen. Offenbar zu seiner Zufriedenheit, denn die Buchführung meines Mandanten war bis dahin nie vom Finanzamt hinterfragt worden.

Doch man muss nicht zwangsläufig hochpreisige Kaffees an das Finanzamt schicken, um einer Betriebsprüfung oder einer ungerechten Behandlung zu entgehen. Manchmal reicht es auch, wenn man sich mit Händen und Füßen wehrt – unter Aufbietung aller Tricks. So ein Fall ereignete sich 2006. In Deutschland war Fußball-WM, und bei einem meiner Mandanten stand eine Betriebsprüfung an.

Über die eigene Dummheit gestolpert

Ich traf mich vor Ort mit dem zuständigen Außenprüfer. Wir gingen kurz die Akten durch und ich überließ ihn seiner Arbeit. Das Zimmer, das ihm die Brauerei überlassen hatte, war sehr schön gelegen. Der Prüfer hatte auf einen wunderbaren Garten mit Obstbäumen Ausblick. In der Ecke des Zimmers stand ein Fernseher mit Satellitenanschluss.

Von 2005 bis 2007 haben sich die Hopfenpreise aufgrund einer weltweit gestiegenen Nachfrage verzehnfacht. Die Brauerei, die ich betreute, konnte sich durch geschickte Spekulationen mit Warentermingeschäften davon unabhängig machen. Sie zog zwar zeitgleich mit der Konkurrenz die Preise an, blieb aber dabei unter dem Preisniveau der Konkurrenten. Der niedrige Preis in Verbindung mit der guten Qualität des Biers führte zu einem massiven Umsatzanstieg. Auf diese Weise wurde auch der Gewinn drastisch gesteigert.

Der Finanzbeamte durchschaute dieses vollkommen legitime Manöver natürlich und witterte von da an – aus welchen Gründen auch immer – überall Betrug. Egal, ob es um Bewirtungsbelege, Abschreibungsraten oder den Kauf von Betriebsfahrzeugen ging – vieles wurde bezüglich Höhe und Korrektheit angezweifelt. Am Ende der Betriebsprüfung konfrontierte er mich und den Brauereibesitzer mit einer Steuernachzahlung in Höhe von fünfhunderttausend Euro.

Wir trugen die Sache zum zuständigen Abteilungsleiter im Finanzamt, doch dieser schloss sich der Meinung seines Mitarbeiters an. Er hielt dessen Schätzungen für legitim. Zwar würde es nochmals eine Prüfung geben, aber diese würde von demselben Finanzbeamten durchgeführt werden, der auch mit am Tisch saß. Die Aussichten waren nicht wirklich toll. Bis ich einen Trumpf ausspielen konnte.

Ich hatte den Finanzbeamten mehrmals in dem Zimmer aufgesucht, um diverse Fragen mit ihm zu klären. Anfangs hatte ich es nicht bewusst wahrgenommen, aber der Fernseher war immer auf Stand-by. Als ich ihn eines Abends ausmachte, war er am nächsten Vormittag wieder auf Stand-by. Ich machte den Versuch auch tagsüber: Ging der Prüfer in seine Mittagspause, machte ich den Fernseher aus. Am Nachmittag leuchtete die blaue Stand-by-Leuchte erneut. Auch meinen und den Angestellten der Brauerei fiel das »Eigenleben« des Fernsehers auf. In der zweiten Woche wurde es offensichtlicher: Der Außenprüfer begann, in den Mittagspausen Vorberichte zur WM zu schauen.

Gegen Ende der Woche war der Fernseher sogar am Laufen, als ich das Zimmer betrat und der Prüfer über der Buchhaltung saß. Darauf aufmerksam gemacht, dass er nicht zum Fernsehen da sei, sondern um den Betrieb meines Mandanten zu prüfen, reagierte er nur mit einem patzigen Druck auf den Aus-Knopf der Fernbedienung. Als ich den Raum verlassen hatte, konnte ich hören, wie der Fernseher mit einem Summen wieder angemacht wurde. So ging das die ganze Woche.

»Sie verstehen viel von Fußball?«, fragte ich ihn also mitten in der Schlussbesprechung.

»Ja, Fußball ist mein Leben«, antwortete der Finanzbeamte verdutzt. Dann setzte ich dem Abteilungsleiter die Lage auseinander und offenbarte ihm das unprofessionelle Verhalten seines Mitarbeiters.

»Während Sie eigentlich die Buchführung meines Mandanten hätten prüfen sollen, haben Sie ferngesehen. Ich will gar nicht wissen, wie viele Fehler da in Ihrer Liste sind.« Ich deutete auf das Blatt Papier, das er vor sich liegen hatte. In Richtung Abteilungsleiter fuhr ich fort: »Und um klarzustellen, dass ich das jetzt nicht erfinde: Sie können meine oder die Angestellten der Brauerei befragen – jedem von ihnen ist das Verhalten Ihres Untergebenen aufgefallen.«

Die Folge war ein Disziplinarverfahren für den zuständigen Beamten und eine neue Prüfung für meinen Mandanten, die diesmal sehr fair verlief.

Das kleine Einmaleins für die Steuerprüfung

Viele meiner Mandanten fragen mich oft, wie sie sich gegen eine Betriebsprüfung wehren können, bei der ihnen mit Vorurteilen begegnet wird. Es ist wie immer im Leben: Mit den einen

»kann man«, mit den anderen nicht. Doch man kann dafür sorgen, dass einen Finanzbeamte zumindest nicht *nicht* mögen. Das Zauberwort heißt GOB.

Die Grundsätze ordnungsgemäßer Buchführung (GOB) müssen einfach eingehalten werden. § 238 Absatz 1 Satz 2 des Handelsgesetzbuches (HGB) sagt dazu: »Die Buchführung muss so beschaffen sein, dass sie einem sachverständigen Dritten innerhalb angemessener Zeit einen Überblick über die Geschäftsvorfälle und über die Lage des Unternehmens vermitteln kann.« Was da in bestem Beamtendeutsch festgehalten ist, heißt für Otto Normalbuchhalter einfach: Halt deinen Laden sauber. Mach deine Hausaufgaben.

Organisieren Sie Ihre Belege zeitlich, nach Geschäftsbereichen, komplett und korrekt. Die Buchungen müssen auch entsprechend erfolgen. Erfahrene Unternehmer werden jetzt sagen: Ist doch klar. Wenn ich Ihnen aber aufzählen würde, wie viele meiner Steuerberaterkollegen sich mit Schuhkartons voller Belegen herumschlagen müssen, würden Sie staunen. Die Besitzer der Schuhkartons sind übrigens keine Hausfrauen oder Angestellte, sondern professionelle Musiker, Cafébesitzer oder Inhaber von Boutiquen.

Darüber hinaus haben Sie die Möglichkeit, zu bestimmen, wie und wo der Finanzbeamte seine Prüfung macht. Schicken Sie ihn in die Kanzlei Ihres Steuerberaters. Er kennt die dortigen Räume und Mitarbeiter – Sie sind wahrscheinlich nicht der Einzige, den er dort prüft. Sollte die Prüfung in Ihrem Betrieb stattfinden, sorgen Sie dafür, dass der Prüfer ein ruhiges Zimmer fernab des Geschäftsbetriebs bekommt. So vermeiden Sie, dass er Einblicke in Prozesse Ihres Unternehmens bekommt, die er zu Ihren Ungunsten auslegen könnte.

Auch mit Fehlerlosigkeit lassen sich Finanzbeamte bis zu einem gewissen Grad einlullen. Sie sitzen oft tage- und wochenlang in einem Zimmer und rechnen vor sich hin. Wenn die von Ihnen eingereichten Dokumente einen tadellosen Eindruck hinterlassen, kann das manche Finanzbeamte dazu verleiten, schludriger zu arbeiten. Es ist ein Prinzip, das wir alle kennen: Vom Zustand und der Richtigkeit der bisher geprüften Unterlagen schließen sie auf den Rest.

Leider muss ich aber auch sagen: Trotz aller Versuche, die eigene Buchführung sauber durchzuführen, kommt es immer wieder zu Auseinandersetzungen mit dem Finanzamt. Viele Streitereien entstehen einfach deshalb, weil in der Buchhaltung irgendein dummer Fehler gemacht wird. Ein Beleg landet im falschen Ordner oder die Buchung wird über das falsche Konto abgewickelt – so etwas passiert. Die Finanzbeamten erkennen das meist auch. Sollten Sie aber an den »Falschen« geraten, kann sich das negativ für Sie auswirken. Lassen Sie Ihren Steuerberater die Kohlen aus dem Feuer holen, wenn es zu Problemen kommt.

Es gibt noch andere Raubtiere im Dschungel …

2012 stand bei einem meiner Mandanten, Dieter Mink, eine Betriebsprüfung für das Jahr 2011 an. Die Prüfung verlief entspannt und im Sinne aller Beteiligten. Wenige Wochen nach der Prüfung erging der amtliche Bescheid. Er enthielt auch den sogenannten Messbetrag für den Betrieb. Dieser dient der Erhebung der Gewerbesteuer und wird im Rahmen des Steuerverfahrens für jedes Unternehmen festgestellt. Er wird dann an die Gemeinde weitergeleitet, die für die Erhebung der Gewerbesteuern zuständig ist. Der dortige Kämmerer multipliziert den Messbetrag mit dem Gewerbesteuerhebesatz – keine besonders komplizierte Rechnung –, und in der Folge erhält das Unternehmen von der Gemeinde einen Bescheid über den entsprechenden Betrag.

Der Kämmerer der zuständigen Gemeinde brauchte dafür etwas mehr als 15 Monate und konnte somit eine für die Gemeinde sehr wichtige Frist geltend machen. Wird die Steuer später als 15 Monate nach ihrer Festsetzung erhoben, hat der Steuerschuldner sie nach Ablauf des genannten Zeitraums mit sechs Prozent verzinst an die Erhebungsstelle abzuführen. Dies traf nun auch auf den Unternehmer zu. Der Gewerbesteuerbescheid erging. Höhe: hunderttausend Euro plus sechs Prozent Zinsen. Gut – sechstausend Euro sind bei einem Unternehmen, das hunderttausend Euro an Steuern zahlt, nicht viel. Aber die Verzögerung war ja nicht entstanden, weil der Unternehmer seiner Pflicht nicht nachgekommen und die Frist verschlafen hätte, sondern aufgrund der späten Erhebung der Steuer. Dennoch ist die Erhebung der zusätzlichen sechstausend Euro rechtens. Der Gedanke des Gesetzgebers bei dieser Regelung ist es, zu verhindern, dass pünktlich ihre Steuern zahlende Unternehmen benachteiligt werden.

Mink bleibt nun zunächst die Möglichkeit, Widerspruch einzulegen. Wenn das nicht klappt, kann er die bezahlten Zinsen vielleicht noch durch ein Gerichtsverfahren zurückfordern. Ich musste schmunzeln, als ich das Schreiben mit der Festsetzung erhielt: Als Postskriptum enthielt es den Satz: »Frau Bürgermeisterin wurde von dem telefonischen Gespräch mit Ihrem Mandanten am 05.11.2013 unterrichtet«. Nun, der Unternehmer ist nicht gerade für seine leise Art bekannt. Die Unterhaltung hatte sicher die Zimmerlautstärke überschritten.

Der Steuerberater – dein Freund und Helfer?

Zu Fasching 2014 war ich auf dem Steuerberaterball in München. Er wird alljährlich im Bayerischen Hof ausgerichtet. Es ist immer eine schöne Gelegenheit, mit Kollegen zu plaudern, alte Kontakte aufzufrischen und sich auch ein bisschen auf dem Laufenden zu halten, was Brancheninterna betrifft. Meist gibt es ein großes Büffet, und die Veranstalter schaffen es immer wieder, tolle Bands zu engagieren. Dieses Jahr brachte eine Salsaband den Saal wirklich zum Kochen – was angesichts des hauptsächlich aus Steuerberatern zusammengesetzten Publikums schon etwas heißen will.

Kurz nach meiner Ankunft fand ich einen Platz neben einem jungen Kollegen, mit dem ich sofort ins Gespräch kam. Vor kurzem hatte er die Steuerberaterprüfung abgelegt und in einer bekannten Kanzlei angefangen. Wir stellten uns mit Vor- und Nachnamen vor, und ich fing gleich an, ihn zu duzen – wie unter Kollegen eben. Ich erzählte ihm von meiner Kanzlei und den Partnerschaftsgesellschaften, die ich jüngst gegründet hatte, auch von meiner Vortragstätigkeit für Unternehmer und Entscheider, und er erzählte von seinem Berufsalltag. Wir stellten fest, dass wir einen gemeinsamen Bekannten hatten und unterhielten uns gut eine dreiviertel Stunde miteinander, bis die Suppe kam. Mein Tischnachbar war so aufmerksam, mir eines der Körbchen mit Weißbrot zu reichen, und verblüffte mich mit den Worten: »Möchten Sie auch etwas Brot, Herr Lechner?«

Ich muss für einen Moment echt blöd aus der Wäsche geschaut haben, mein Gegenüber machte jedenfalls einen etwas irritierten Eindruck. Ich durchbrach die Stille mit einem dahingehaspelten: »Ja, ja, danke«, und wandte mich meiner Suppe zu. Der Abend verlief dann ohne weitere Peinlichkeiten, aber dieser Moment beschäftigte mich schon noch einige Tage.

Steuerberater sind »blau«

Wahrscheinlich hatte ich mich etwas zu schnell aus dem Fenster gelehnt und der junge Mann war dadurch einfach eingeschüchtert. Ich hatte ihm mein ganzes Leben erzählt. Nicht, um mich in den Vordergrund zu spielen – nein, ich war einfach an einem anderen Punkt im Leben wie er. Aber das war nicht das erste derartige Erlebnis: Solche einseitigen Gespräche hatte ich schon öfter mit Steuerberatern erlebt und den Grund nie verstanden.

Vor Jahren war ich auf einer Steuerberaterfortbildung in einem Hotel. Die ersten Tage herrschte im Frühstücksraum immer eine fast beklemmende Stille. Man konnte nur das Klappern des Geschirrs und Bestecks vernehmen. Wenn jemand sprach, merkte man sofort den förmlichen Umgangston.

Als mir eine Mandantin dann von einer Fortbildung erzählte, auf der sie war, wurde mir klar, was dahintersteckt. Meine Mandantin arbeitet bei BMW im Verkauf. Thema ihrer Fortbildung war die Verbesserung des Verkaufsprozesses, indem man auf die grundlegende Persönlichkeitsstruktur des Gegenübers einging. Dabei wurde auf die Farbtheorie von Max Lüscher zurückgegriffen, derzufolge man jeden Menschen einer

Farbe zuordnen kann. So kann man das Verkaufsangebot besser auf ihn zuschneiden und ihn damit hinsichtlich seiner Interessenlage eher überzeugen. Die Theorie wurde bereits Mitte des 20. Jahrhunderts erdacht, aber für mich war sie vollkommen neu und mir wurden damit einige Unterschiede klar. Lüschers Farbtheorie unterscheidet vier verschiedene Typen, die er den Farben Rot, Grün, Gelb und Blau zuordnet:

Der »rote« Typ ist der Macher. Er trifft seine Entscheidungen allein und setzt diese dann aktiv um. Ich denke, jeder kennt diesen Typ Mensch. Feuer frei, sobald das Ziel im Blick ist, und meist volle Kraft voraus.

Der »grüne« Typ ist eher das Gegenteil des »roten«: Er trifft Entscheidungen nur nach Rücksprache mit einer Person seines Vertrauens. Alle Informationen müssen erst gesammelt und geordnet werden, bevor eine Entscheidung getroffen wird. Meine Mandantin hat in ihrer Fortbildung erfahren, dass das der Typ Mensch ist, zu dem man sagen kann: Nehmen Sie die Unterlagen mit und besprechen Sie das erst mal mit Ihrer Frau. Viele Käufer würde das in die Arme der Konkurrenz treiben, den grünen Typen aber eher nicht. Im Gegenteil: Er wird kaufen.

Für den »gelben« Typ stehen Spaß, Emotion und die Wirkung seiner Entscheidungen auf andere im Vordergrund. Ich brauche einem »gelben« Typ nicht damit zu kommen, welche Fortbildungen ich im vergangenen Jahr absolviert habe. Er will sich bei mir einfach aufgehoben und – so klischeehaft das auch klingen mag – verstanden fühlen. Mehr Informationen braucht er nicht.

Der »blaue« ist eine Mischung aus »rotem« und »grünem« Typ: Er benötigt für seine Entscheidungen alle Informationen, derer er habhaft werden kann, und trifft anhand des Bildes, das sich dann ergibt, eine Entscheidung. Diese fällt vor einem vollkommen emotionslosen Hintergrund.

Steuerberater sind häufig »blaue« Typen, und das hat natürlich mit den Charakteristika ihrer Arbeit zu tun. Steuerberater sind tagtäglich mit Gesetzen, Verordnungen und Richtlinien konfrontiert. Die Erstellung von Bilanzen, Jahresabschlüssen und Kennzahlen erfordert präzise Arbeit, mit der sie ihre Mandanten bei wichtigen Entscheidungen unterstützen, die Auswirkungen auf deren Unternehmen, deren Angestellte und letztendlich auch deren Leben und Familien haben.

Warum Steuerberater »blau« sind

Ich persönlich glaube, dass die Ausbildung genau den »blauen« Typ Mensch anzieht. Eine Ausbildung zum Steuerberater ist anstrengend. Über Jahre hinweg müssen Gesetzestexte gepaukt werden. Man muss sich mit doppelter Buchführung auskennen – die schnell zu einem Buch mit sieben Siegeln werden kann. Die Feinheiten eines Jahresabschlusses sind zu erlernen. Kurz: Die Ausbildung konfrontiert die angehenden Steuerberater mit einem Bündel an Themengebieten, von Rechtsvorschriften über Informations- und Kommunikationstechnologie, Betriebswirtschaftslehre bis zu Personalführung.

Die Abschlussprüfung zieht sich über drei Tage, mit jeweils sechs Stunden Prüfungszeit, in der die schriftlichen Aufgaben zu bearbeiten sind. Anschließend müssen die angehenden Steuerberater drei Monate auf ihre Prüfungsergebnisse warten, um dann zu einer weiteren, mündlichen Prüfung zugelassen zu werden, die nochmals sechs Stunden dauert.

Die Prüfungszeit ist eine lange Phase harter, konzentrierter Arbeit, die meist eher ruhigere, introvertiertere Menschen meistern – die nach der Ausbildung aber weiter ruhig bleiben, auch und vor allem dem Finanzamt gegenüber. Man will nicht anecken, nicht unbequem sein. Gehässig formuliert: Man will bei Papa auf den Schoß und ein »Gut gemacht!« hören. Man will von einer höheren Instanz, die über einem steht, gelobt werden. Man will auch das hart Erkämpfte nicht verlieren, keinen Stress haben. Dafür bleiben viele Steuerberater oft stumm wie ein Fisch und verstecken sich hinter erzwungener Förmlichkeit. Doch das ist der vollkommen falsche Ansatz.

Steuerberater sind Dienstleister im klassischen Sinne. Meine Mandanten vertrauen mir. Sie legen ihre Finanzen, ihre Buchhaltung offen, lassen mich oft an den intimsten Details ihres Lebens teilhaben und bitten mich um Rat, wie sie ihr Steueraufkommen auf legalem Wege optimieren können. Daraus erwächst für mich eine Verpflichtung, diesem Vertrauen gerecht zu werden. Prägend für mein Berufsleben und die Art, wie ich das Verhältnis zu meinen Mandanten sehe, war ein sehr hartes Erlebnis während meines ersten Brasilienurlaubs.

Mein Brasilienurlaub …

Ich war mit einem meiner Freunde in Urlaub geflogen. Man konnte Anfang der neunziger Jahre noch nicht einfach im Internet einen Flug und ein dazu passendes Hotel buchen. Wir verbrachten viel Zeit am Telefon, bis wir endlich die entsprechenden Bestätigungen hatten. Rio de Janeiro selbst war überwältigend. Die ersten beiden Wochen verbrachten wir vollkommen unbeschwert: Strand, Sonne, Cocktails, ein bisschen Sightseeing. Das Lebensgefühl der Brasilianer war ansteckend: Von den Jungs aus der Nachbarschaft unseres Hotels ließen wir uns den einen oder anderen Fußballtrick zeigen. Unsere Versuche mit diversen brasilianischen Tänzen scheiterten trotz der Geduld unserer deutlich erfahreneren Tanzpartnerinnen völlig. Die Abende ließen wir bei Musik und Cocktails am Strand gemütlich ausklingen.

Auch der Abend, der sich für mich als einschneidend erweisen sollte, war so einer. Den Tag über hatten wir wie die reinsten Klischeetouristen am Strand verbracht. An diesem Abend saßen wir zusammen und ließen die letzten zwei Wochen Revue passieren. Wir hatten noch vier Tage in diesem tollen Land, aber keiner von uns wollte überhaupt schon an den Rückflug denken. Dass Brasilien nicht nur schön sein kann, sollten wir an diesem Abend erleben. Ich kann im Nachhinein nicht mehr sagen, ob wir in einen Bandenkrieg geraten waren oder in einen Amoklauf. Auf jeden Fall waren wir zur falschen Zeit am vollkommen falschen Ort.

Während wir in der Bar herumalberten, gab es plötzlich einen Riesenknall. Eine der Schnapsflaschen im Regal explodierte. Die Scherben regneten über den verdutzten Barkeeper herab. Dann brach die Hölle los: Schüsse fielen. Glas- und Holzsplitter sausten durch die Bar. Spiegel an der Wand zerbarsten.

Mein Kumpel und ich sprangen auf. Ich lief auf eine Tür zu und warf mich mit vollem Körpergewicht dagegen. Die Tür riss aus den Angeln und ich plumpste auf eine Holzveranda. Mein Kumpel sprang über mich hinweg, lief auf den Vorplatz, stolperte kurz und hatte schon bald einen deutlichen Vorsprung.

Ich wuchtete mich hoch und rannte ihm nach. Fast hatte ich es bis zu einer Baumreihe geschafft, als mich ein harter, brutaler Schlag von hinten traf und in den Staub warf. Verwirrt richtete ich mich auf, um zu sehen, was mich und vor allem wo es mich getroffen hatte, als ich ihn sah. Er war zwischen 1,80 Meter und 1,90 Meter groß, hatte kurze Haare und eine Frisur, die für die damalige Zeit in Brasilien typisch war. Er stand mitten auf dem Platz vor der Bar, hob langsam seine Pistole und legte auf mich an. In diesem Moment musste ich wählen: aufspringen und mich hinter den nächsten Baum flüchten oder liegen bleiben und spätestens beim zweiten Schuss tot sein.

Ich entschied mich für den Baum. Mit einer Kraft, die man offenbar nur in Extremsituationen entwickelt, wuchtete ich mich in die Höhe, rannte auf die Baumreihe zu und sprang über einen Busch. Ich kam hart dahinter auf und rollte mich sofort hinter einen Baumstamm. Als ich zwischen den Grashalmen hervorlugte, sah ich, wie der Typ mit der Pistole erneut anlegte. Von dem Polizeimotorrad, das um die Ecke preschte, schien er nichts mitzubekommen. Der Fahrer des Motorrades zückte seinen Schlagstock und zimmerte ihn dem Schützen in voller Fahrt an den Kopf. Es ist nicht übertrieben, wenn ich von »zimmern« spreche – der Schütze schlitterte einige Meter weit, während die Pistole in der Luft Salti schlug.

Als ich später im Krankenhaus untersucht wurde, stellte sich heraus, dass mich mein Gürtel gerettet hatte. Genau dort, wo mich die Kugel getroffen hatte, war eine Tasche in den Gürtel eingenäht, in der ich Geldscheine und Münzen aufbewahrte. Das Hartgeld hatte die Kugel abgelenkt, und so war ich mit einem blauen Fleck davongekommen.

… und was er mit meiner Arbeit zu tun hat

Bis zu diesem Ereignis hatte ich meine Aufgaben als Steuerberater einfach erfüllt. »Erfüllt« ist genau das richtige Wort: Ich hegte keine besondere Ab- oder Zuneigung meinem Beruf gegenüber. Ich hatte ihn nicht »ausgewählt«, wie man es klassischerweise tut. Mein Vater arbeitete bei Datev als Diplomvolkswirt, auch meine Schwester ist als Steuerberaterin tätig. So war ich da irgendwie und ohne große Reflexion meinerseits »hineingestolpert«. Ich hatte meine Ausbildung erfolgreich absolviert und einige Jahre als Steuerberater in Festanstellung gearbeitet, ohne eine große Berufung in meinem Beruf gesehen zu haben. Ich verdiente gutes Geld und hatte hin und wieder mit interessanten Menschen zu tun. Doch das Erlebnis in Brasilien ließ mich viele Aspekte in meinem Leben neu überdenken. Meinen Beruf konnte ich dabei nicht aussparen. Es stellte sich die Sinnfrage, die Frage, warum man macht, was man macht, und ich fand eine Antwort.

Beim Beruf des Steuerberaters geht es – logischerweise – um zwei große Themen: Steuern und Beratung. Während der Ausbildung und meiner anschließenden Tätigkeit hatte der Steueraspekt immer im Vordergrund gestanden: Welche Vorschriften finden wo welche Anwendung? Welche Berechnungssätze müssen bei welchem Sachverhalt beachtet werden? Welche Fristen sind einzuhalten? Damals bestand der kreativste Teil meiner Arbeit darin, herauszufinden, ob ein Musiker für seine Tätigkeit 19 oder 7 Prozent Steuern verlangen konnte, wenn er auf einer Gala von BMW spielte.

Es geht aber auch um Beratung – und darum, dem damit verbundenen Vertrauen gerecht zu werden. Mein Abenteuer in Brasilien hatte mir vor Augen geführt, dass es zwei Möglichkeiten gibt, wenn es Spitz auf Knopf steht: Entweder man kämpft ums Überleben oder man ergibt sich freiwillig in sein Schicksal. Das mag wie eine Binsenweisheit klingen. Anscheinend brauchte ich aber solch ein Erlebnis, um das zu kapieren. Angewandt auf mein Berufsleben sollte das heißen: Ich hatte mein Berufsverständnis vollkommen zu ändern. Die Entscheidung über Sieg oder Niederlage meiner Mandanten liegt nicht bei diesen, sondern bei mir. Ich hatte sie huckepack zu nehmen und mit ihnen hinter den nächsten Baum in Deckung zu springen – *das* war mein Job. Es sollte etwas dauern, bis ich diese Erkenntnis anwenden konnte. Aber die Gelegenheit kam. Erst im Kleinen, dann im Großen.

Einsatz für den Mandanten – im Kleinen …

Markus Stolley besitzt ein kleines Unternehmen, das auf Sanitäranlagen, Bodenbeläge und Wärmedämmung spezialisiert ist. Das Unternehmen hat 13 Angestellte und die Geschäfte laufen, nicht zuletzt dank der derzeitigen Förderung nachhaltig und ökologisch arbeitender Systeme, gut. Stolley ist aber auch ein begeisterter Bassist. Er spielt seit über zwanzig Jahren in verschiedenen musikalischen Formationen – von Stimmungsbands auf Volksfesten über irgendwelche Aushilfsjobs bei unbekannten Popsternchen bis Dinnerjazz. Am liebsten spielt er Fusion – ein Genre, das Jazz, Funk und Rockmusik lautstark mischt. Um an seinem Instrument besser zu werden, übt er fleißig, aber leider autodidaktisch, soweit es seine Zeit zwischen Kundenakquise, Aufträgen und Baustellenabnahmen zulässt.

Da er mit seinen Fähigkeiten als Bassist nicht zufrieden war, beschloss er eine in Fachkreisen bekannte Münchner Einrichtung aufzusuchen, um sich weiterzubilden. Da er hin und wieder mit Auftritten auch etwas Geld verdiente, gab er die Kosten der Ausbildung in der Steuer an, um sie absetzen zu können.

Natürlich stieß das Finanzamt bei der Einkommensteuererklärung auf die Rechnung der Münchner Bassinstitution und strich sie meinem Mandanten aus der Steuererklärung. Mit den Worten: »Lechner, das machst *du*!«, schickte er mir den Schriftverkehr und teilte mir noch den Termin mit, für den das Gespräch mit dem Finanzbeamten anberaumt war. Als ich diesem dann gegenübersaß, spielte der natürlich die

»Liebhaberei«-Karte aus. Damit die Tätigkeit eines Unternehmers als Liebhaberei eingestuft wird, müssen zwei Bedingungen erfüllt sein: Der Unternehmer muss seinen Lebensunterhalt durch eine andere Tätigkeit verdienen und die Nebentätigkeit wird ohne Gewinnerzielungsabsicht ausgeübt. Eine mangelnde Gewinnerzielungsabsicht wird vor allem dann unterstellt, wenn mehrere Jahre hintereinander Verluste erzielt werden. Da die Ausbildungskosten die Einkünfte durch Gagen in den vergangenen Steuerjahren überstiegen, war das der Fall. Ich verwies darauf, dass mein Mandant einfach noch nicht gut genug sei für sehr gut honorierte Musikerjobs – was deshalb auch die Notwendigkeit der Ausbildung rechtfertige. Eine Gewinnerzielungsabsicht sei also vorhanden – nur scheitere mein Mandant leider an den Anforderungen, die der Markt an professionelle Musiker stellt. Dem Finanzbeamten leuchtete das ein, doch ganz überzeugt war er nicht. Ich verwies darauf, dass man Ausgaben für ein Studium auch von der Steuer absetzen könne – und das war letztlich das, was mein Mandant machte. Er ergänzte seine Ausbildung um ein weiteres Standbein. Der Steuerbeamte führte dagegen an, dass mein Mandant doch bereits einen Betrieb habe. Ich wies auf seine lange musikalische Praxis hin und führte ins Feld, dass der Sohn meines Mandanten vor kurzem eine Ausbildung im väterlichen Betrieb begonnen hatte. Auf lange Sicht plane Stolley, das Unternehmen an seinen Sohn zu übergeben und sich dann vermehrt um die Musik zu kümmern. Ich wurde fast pathetisch, als ich sagte, dass jeder Mensch das Recht habe, sich auch in fortgeschrittenerem Alter beruflich neu zu orientieren. Mein Mandant habe sich die vergangenen Jahre über aufgeopfert, um seinen Betrieb am Laufen und seine Angestellten in Lohn und Brot zu halten. Der Finanzbeamte schaute mich lange an.

»Wissen Sie, Herr Lechner, Sie haben recht. Ich würd manchmal auch gern was anderes machen.« Und so durfte mein Mandant seine Bassausbildung von der Steuer absetzen. Die hohe Kunst des Steuerberaterdaseins ist es zu feilschen. Es gibt viele Bereiche in der Gesetzgebung, die Ermessensspielräume gewähren. Hier hat der Steuerberater meiner Meinung nach anzusetzen, um die für den Mandanten beste Lösung zu finden. Das gilt selbst dann, wenn der Mandant der Steuerhinterziehung überführt wird.

... und im Großen

Mein Mandant betreibt einen Catering-Service. Zusammen mit seiner Frau und zwölf Angestellten kreiert er Buffets, die einen wunderbaren Querschnitt durch die Weltküche bieten. Zu seinen Kunden gehören Privatleute mit gehobenen Ansprüchen, die ihn für Geburtstage oder Hochzeiten buchen, aber auch Institutionen wie der Bayerische Landtag, Firmen wie BMW oder die IHK.

Ich hatte diesen Mandanten seit 2002 betreut, als das Finanzamt eine steuerliche Außenprüfung für den Zeitraum 2003 bis 2006 anberaumte. Der zuständige Beamte würde dafür drei Wochen im Betrieb meines Mandanten sitzen und sich durch die Bücher arbeiten. Die erste Woche verlief ergebnislos. Am Mittwoch der zweiten Woche schaute ich bei dem Prüfer vorbei. Er hatte mir mitgeteilt, dass er ab Freitag in Urlaub gehen würde. Ich wollte mit ihm klären, ob er mit der Prüfung fertig sei oder nach seinem Urlaub nochmals kommen musste. Statt einer Antwort hielt er mir einen Scheck hin mit den Worten: »Auf welches Konto wurde der Scheck eingezahlt?« An seine verschroben unfreundliche Art hatte ich mich inzwischen halbwegs gewöhnt. Ich sah mir den Scheck genauer an. Eigentlich kenne ich die Konten meiner Mandanten in- und auswendig. Erstaunlicherweise wusste ich nicht, wo ich diesen Zahlungsvorgang einordnen sollte. Ich vertröstete den Außenprüfer, was dieser grummelig hinnahm, und rief meinen Mandanten an.

»Herr Lechner, das können wir nicht am Telefon besprechen«, meinte er geheimnisvoll. »Wir müssen uns treffen – sofort!« Verdutzt legte ich auf und fuhr zu meinem Mandanten. Bei sich zuhause offenbarte er ein Desaster kapitaler Größe: Das entsprechende Konto war ein Unterkonto seines Geschäftskontos. Rechnungen, die an Firmenkunden oder die öffentliche Hand gingen, wickelte er über das Hauptkonto ab. Dieses war auch auf dem Briefpapier aufgeführt, das nur für die Firmenkunden bestimmt war. Auf das Unterkonto gingen alle Zahlungen seiner Privatkunden ein. Dieses Unterkonto war weder mir, seiner Frau noch der Wirtschaftsprüfungsgesellschaft bekannt, die ihn seit über 15 Jahren betreute. Es tauchte in keiner Bilanz auf, und zur »Vorsorge«, wie mein Mandant es nannte, hatte er alle Kontoauszüge vernichtet. Ein klarer Fall von Steuerhinterziehung.

Um den Schaden für meinen Mandanten zu begrenzen, mussten wir jetzt handeln. Zuerst galt es, herauszufinden, wie hoch die Umsätze auf diesem Konto im Veranlagungszeitraum der Steuerprüfung gewesen waren. Mein Mandant meinte: »Ach, das waren vielleicht so dreißigtausend Euro.« Mit einer Vollmacht meines Mandanten für die Kontoeinsicht wurde ich bei der Bank vorstellig und erhielt die notwendigen Unterlagen. Vorsichtshalber ließ ich mir die Umsätze der letzten zehn Jahre geben, da aufgrund gesetzlicher Regelungen diese Zeitspanne im Falle einer Selbstanzeige relevant ist. Nach einigen Stunden Rechnerei fiel ich fast vom Stuhl. Über das Konto waren in den für die Steuerprüfung relevanten Jahren nicht dreißigtausend, sondern vierhunderttausend Euro gelaufen. Über den Zeitraum von zehn Jahren belief sich die Summe auf achthunderttausend Euro an unversteuerten Einnahmen. Grob berechnete ich die Höhe der Nachzahlung und kam auf knapp fünfhunderttausend Euro, die mein Mandant nachträglich abzuführen hatte.

Ich schlief noch ein paar Stunden – es war bereits weit nach Mitternacht – und fuhr dann zu meinem Mandanten. Als ich ihm die Lage auseinandersetzte, war seine einzige Antwort: »Das kann ich nie bezahlen. Ich bringe mich um.« Nur mit Mühe konnte ich ihn ein wenig beruhigen. Der Außenprüfer war nur noch heute im Einsatz und dann für zwei Wochen weg. Sollte er heute nichts entdecken, hatten wir zwei Wochen Schonfrist. Der Prüfer war zum Glück derart in Urlaubsvorfreude, dass er den Scheck mit dem ominösen Konto vergessen hatte. Als er sich verabschiedete, wünschte ich ihm einen schönen Urlaub und machte mich dann sofort daran, einen Plan für meinen Mandanten zu schmieden.

Bei der Berechnung der absoluten Höhe der zu erwartenden Nachzahlung kam ich auf eine Summe von knapp über einer halben Million Euro. Am letzten Freitag der zwei Wochen Schonfrist, die wir hatten, fuhr ich zum Finanzamt und überbrachte dem zuständigen Sachgebietsleiter eine Selbstanzeige meines Mandanten für den Zeitraum der Hinterziehung, der nicht der Prüfung unterlag. Eine Selbstanzeige für einen Zeitraum, in dem eine Prüfung aktuell stattfindet, ist aus guten Gründen unmöglich. Da die Steuerhinterziehung aus den Jahren vor dem Prüfungszeitraum aber noch nicht aufgedeckt war, war eine Selbstanzeige noch möglich. Der Sachgebietsleiter schüttelte nur den Kopf und meinte, dass ihm solch ein Fall in seinem Leben noch nie untergekommen sei. Für den Rest des Verfahrens verwies er uns an den zuständigen Außenprüfer.

War das Verhältnis zu diesem bisher nicht das beste gewesen, so war es nun erst recht schlecht. Er war von nun an bestrebt, seine Außenprüfung mit peinlichster Akribie durchzuführen, und bezifferte die Steuerschuld meines Mandanten am Ende auf 587 365,73 Euro. Getrieben von der Wut über den Fehler, der ihm unterlaufen war, strebte der Finanzbeamte das Aus für einen Betrieb an, der für den Lebensunterhalt von zwölf Männern und Frauen und deren Familien sorgte. Vorschlägen meinerseits, wie das Finanzamt zu seinem Geld kommen und mein Mandant seinen Betrieb behalten könnte, zeigte er sich unzugänglich. Das waren übrigens Vorschläge, die in ähnlichen Situationen von Finanzbeamten problemlos akzeptiert wurden. Stellvertretend für meinen Mandanten wandte ich mich an den Sachgebietsleiter zu einer Zwischenbesprechung.

Ich argumentierte, dass auch der Wareneinkauf über das bisher verheimlichte Konto gelaufen und die endgültige Steuerschuld meines Mandanten deshalb natürlich niedriger anzusetzen sei, denn Aufwendungen vermindern ja das zu versteuernde Einkommen. Nach langem Hin und Her und einem Stellvertreterkrieg um 30,27 Euro Portogebühren einigten sich mein Mandant und das Finanzamt auf eine Summe von 230 000 Euro, die er dem Finanzamt mithilfe eines Rückstellungsmodells binnen kurzer Zeit bezahlen sollte. Nachdem wir also eine gütliche Einigung gefunden hatten, verabschiedeten wir uns von dem sehr freundlichen Sachgebietsleiter. Der Außenprüfer war übrigens gar nicht erst gekommen – er hatte angeblich einen Motorschaden auf der Autobahn. Mein Angebot, ihm ein Taxi zu bezahlen, schlug er aus – er müsse noch auf den ADAC warten.

Was ich mich im Nachhinein frage: Mein Argument, dass auch die Wareneinkäufe für die Privatkundenaufträge über das Unterkonto gelaufen waren, war zwar nicht falsch, aber tatsächlich waren nur einige wenige Sachen über dieses Konto beim

Großhändler eingekauft worden. Alles andere an Vorräten und Getränken tauchte ordentlich aufgeführt in der Buchhaltung auf. Nach diesem Grashalm hatte ich nur deshalb gegriffen, weil der Handlungsspielraum ansonsten sehr beschränkt war und ich den Betrieb meines Mandanten und alles, was daran hing, vor dem Aus bewahren wollte.

Das Finanzamt wusste, dass dieser Betrieb seit Jahren gerade so plus/minus null lief. Es hatte nie ein Jahr mit übermäßigem Gewinn gegeben. Das plötzlich aufgetauchte Unterkonto hätte diesen Umstand wunderbar erklärt. Wieso mein Bluff verfing, verstehe ich bis heute nicht. Manchmal habe ich das Gefühl, der zuständige Sachgebietsleiter wollte nicht, dass die Angestellten meines Mandanten für dessen immense Dummheit bezahlen. Eine höhere Steuernachzahlung hätte das Aus für den Cateringbetrieb und die Arbeitsplätze der Angestellten bedeutet.

Mein Mandant hat seinen Cateringbetrieb immer noch. Inzwischen gibt er brav alle Einnahmen, die über das Unterkonto laufen, in seiner Buchhaltung an. Die Prüfungen durch das Finanzamt verlaufen seit der Sache damals zwar besonders genau – aber es hat seither keinen Grund zu Beanstandungen gegeben.

Diese Geschichte spiegelt mein Grundverständnis vom Beruf des Steuerberaters auf fundamentale Weise wider: Im Rahmen des Erlaubten kämpfe ich mit allen zur Verfügung stehenden Mitteln und manchmal auch mit harten Bandagen für meine Mandanten. Ich halte nicht still und verliere mich auch nicht auf Nebenkriegsschauplätzen. Wenn es Spitz auf Knopf steht, ist es an mir, die richtigen Entscheidungen zu treffen und für meine Mandanten die Kohlen aus dem Feuer zu holen. Beim Finanzamt mache ich mir damit nicht immer Freunde. Aber darum geht es auch nicht. Die Zufriedenheit meiner Mandanten und deren gerechte Besteuerung unter Wahrung ihrer wirtschaftlichen Leistungsfähigkeit ist das Ziel. Wie weit man dabei als Steuerberater gehen kann, wurde mir durch den folgenden Fall erst bewusst.

Ein Katastrophenfall

Walter Kramp hatte in den vergangenen Jahren mittels verschiedener Tricksereien Steuern in siebenstelliger Höhe hinterzogen. Der gewerbetreibende Arzt behandelte nicht nur Patienten aus dem Umkreis, sondern wurde regelmäßig von vermögenden Patienten aus dem Nahen Osten oder Russland und der Ukraine aufgesucht. Er hatte einen Termin bei der Straf- und Bußgeldstelle, zusammen mit seinem Anwalt. Da ich mich fast besser als er selbst mit den Vermögensverhältnissen auskannte, die er in der Steuer angegeben hatte, bat er mich, ihn zu dem Gespräch zu begleiten. Die Sache präsentierte sich in keinem guten Licht für ihn.

Hätte er die aufgelaufene Steuerschuld zurückzahlen müssen, wie es sich die beiden Beamten vorstellten, wäre mein Mandant binnen Monatsfrist ruiniert gewesen und hätte seine Praxis schließen müssen. Getreu dem Motto des Monaco Franze – »A bisserl was geht immer« – begann ich mit den Beamten verschiedene Szenarien durchzuspielen. Über mehrere Wochen hinweg schaffte ich es damit, die Steuerschuld knapp zu halbieren.

Kramp hätte die Steuerschuld annähernd begleichen können, wenn er seine Häuser und die Praxis verkauft hätte. Ein Restbetrag der Steuerschuld von einer knappen halben Million hätte dann noch im Raum gestanden. Danach wäre er ruiniert gewesen. Da der Sohn noch nicht im Kindergartenalter war und sich seine Frau um ihn kümmerte, war der Orthopäde der Alleinverdiener der Familie. Würde er ausfallen, wäre unklar, was mit der Familie passierte. Eine Tatsache, die die Finanzbeamten nicht interessierte. Sie wurden erst hellhörig, als ich auf die finanziellen Folgen für die Gemeinde einging: Mein Mandant würde als Gewerbesteuerzahler komplett ausfallen. Die kleine Gemeinde – an die die Gewerbesteuer ging – hatte zu dem Zeitpunkt damit zu kämpfen, dass sich zu wenig Betriebe in einem neu ausgewiesenen Gewerbegebiet ansiedelten. Die Kosten waren hoch, und wäre mein Mandant weggefallen, wäre einer der wichtigsten Gewerbesteuerzahler ausgefallen – ein Rückschlag für die Gemeinde. Mein Vorschlag war: Mein Mandant sollte seine Schulden doch in Raten begleichen. Das würde zwar seine Zeit dauern, aber die Gemeinde würde so zu ihrem Geld kommen. Doch die beiden verneinten. Sie wollten das Geld jetzt haben. Dabei hatten sie eigentlich keine große Wahl. Durch den Ruin meines Mandanten würde dem Staat ein bedeutender Steuerzahler verloren gehen. Ich machte darauf aufmerksam, wie sehr sich mein Mandant in der Gemeinde engagierte, wie viel er jedes Jahr spendete. All das half nichts.

Bis ich anfing, hochzurechnen, auf wie viele Millionen an Einnahmen die Finanzbeamten verzichten würden, wenn sie meinem Mandanten hier an Ort und Stelle finanziell das Genick brächen. Bei den 14 Millionen, die ich ihnen für die nächsten fünf bis sieben Jahre aufsummierte, blieb ihnen die Spucke weg. So schlug ich Folgendes vor: Die Steuerschuld sollte auf die Hälfte reduziert werden. Einen Teil der Summe sollte Kramp durch den Verkauf eines seiner Häuser finanzieren, für den Restbetrag wurde eine Ratenzahlung vereinbart. Die Beamten versuchten den Betrag auf drei Viertel der Steuerschuld hochzuhandeln, doch ich hielt mit Argumenten wie Altersvorsorge oder Absicherung der Kinder dagegen. Die Beamten gaben schließlich nach. Besser, sie hatten den Spatzen in der Hand als die Taube auf dem Dach. Mit zu bezahlenden 3,5 Millionen Euro konnte Kramp seinen Kopf aus der Schlinge ziehen. In dieser Verhandlung war ich schon ziemlich weit gegangen. Dass man leider noch weiter gehen kann, zeigte einer meiner Kollegen. Er macht da weiter, wo andere aus gutem Grund aufhören.

Ab wann der Einsatz zu viel wird

2003 war ich bei einer Fortbildung für Steuerberater. Ich ging abends noch in die Hotelbar, um einen Absacker zu trinken, als sich jemand zu mir setzte. Er hieß Edgar und nahm ebenfalls an der Fortbildung teil. Wir kamen ins Reden. Irgendwann stellte er mir die folgende Frage: »Was war das größte Ding, das du jemals abgezogen hast?« Ich erzählte ihm die Geschichte mit der Selbstanzeige während der Betriebsprüfung. Er hörte mir gespannt zu, dann erzählte er, was ihm widerfahren war:

Eines Tages wurde Edgar frühmorgens von einem Mandanten aus dem Bett geklingelt. Die Steuerfahndung war in aller Herrgottsfrühe »eingeschlagen«, wie er mir erzählte. Er machte sich auf den Weg zu seinem Mandanten, der ihm am Telefon panisch berichtet hatte, dass »die hier alles auf den Kopf stellen«. Außerdem solle er sich beeilen, »er« sei noch im Haus, er komme aber nicht mehr ran. Edgar wusste sofort, wer mit »er« gemeint war, zog noch schnell die Vertretungsbefugnis seines Mandanten aus einem Ordner und schob sie sich gefaltet in die Manteltasche.

Als er mit dem Mantel in der einen und seinem Autoschlüssel in der anderen Hand das Haus verließ, klingelte sein Handy. Der Hausmeister seiner Kanzlei war dran. Auch dort waren die Steuerfahnder vorstellig geworden und hatten angefangen, Akten zu beschlagnahmen. Edgar verständigte seinen Anwalt und seinen Teilhaber. Diese sollten den Beamten auf die Finger schauen – bei solchen Durchsuchungen werden immer wieder blindlings Akten eingesammelt, die für das Ermittlungsverfahren gar nicht relevant sind. Nun, warum fuhr er trotz allem zu seinem Mandanten und nicht in die Kanzlei?

Als er in die Straße einbog, in der sein Mandant wohnte, sah er bereits von Weitem, dass die Steuerfahndung mit einem großen Aufgebot angerückt war. Mehrere Wagen der Polizei und der Steuerfahndung standen vor dem Anwesen. Er passierte die Absperrung und ging auf das Haus zu. Mehrere Beamten kamen ihm schwitzend entgegen, wäschekörbeweise Aktenordner, Bücher und Papier davontragend. Als er die Diele betrat, stieg ihm der beißende Geruch von Essig entgegen. Im Zuge der peinlich genauen Durchsuchung war in der Küche eine Flasche Essigessenz zu Bruch gegangen. Das Wohnzimmer sah aus wie nach einem Einbruch. Die Regale waren leer, einige lose Blätter lagen auf dem Boden. Die Frau von Edgars Mandanten versuchte den kleinen Sohn zu trösten, dessen Haus aus Legosteinen gerade von einem Beamten zerlegt wurde. So unschön so etwas ist, es ist leider oft nötig. USB-Sticks oder kleine Micro-SD-Karten mit belastendem Material lassen sich am besten in Kinderspielzeug und Stofftieren verstecken. Edgar fragte den Beamten, der über das Lego-Haus gebeugt seiner Arbeit nachging, nach dessen Vorgesetztem. Er wurde in den ersten Stock geschickt.

Er eilte nach oben, blickte sich um und entdeckte im Kinderzimmer einen Beamten, der sich gerade daranmachte, einen Stoffbären mit einem Messer zu öffnen. Der Beamte blickte Edgar an, als wäre er auf frischer Tat ertappt worden. Edgar erkundigte sich nach dessen Vorgesetztem und ging dann weiter, nicht ohne den guten Mann darauf hinzuweisen, dass man einen Stoffbären nicht aufschneiden musste, um etwas in seinem Füllmaterial zu finden. Als der Beamte ihn verwirrt ansah, meinte er nur: »Sie können ihn einfach abtasten. Dann fühlen Sie ja, ob da was drin ist, was nicht reingehört«. Noch bevor der Beamte reagieren konnte, ging er weiter. Er blickte sich kurz um und huschte ins Arbeitszimmer seines Mandanten. Dort stand »er«: ein schwarzer, lederner Aktenkoffer.

In dem Aktenkoffer waren die Unterlagen, die der Steuerfahndung genau die Beweise an die Hand gegeben hätten, die sie benötigten, um Edgars Mandanten überführen zu können. Er nahm den Aktenkoffer, trat wieder hinaus auf den Flur – und rannte fast den Chef der Steuerfahndertruppe um. Mit einem »Ach, da sind Sie!« überspielte er die Lage. Er zeigte seinem Gegenüber die Vertretungsbefugnis, die beiden unterhielten sich kurz, und Edgar stellte fest, dass er hier wohl nicht viel machen könne. Er verabschiedete sich und ging. Als er am Kinderzimmer vorbeikam, blieb er stehen.

»Na, haben Sie was gefunden?« Der Angesprochene, der gerade dabei war, ein riesiges rosa Plüschschwein abzutasten, blickte von seiner Arbeit auf und verneinte. Edgar verabschiedete sich auch von ihm und ging. Unten wechselte er noch einige Worte mit der Frau seines Mandanten und verließ dann das Anwesen.

Zu mir sagte er: »So richtig zu atmen habe ich mich erst wieder getraut, als ich im Auto saß.« Er blickte für eine Sekunde gedankenverloren in die Ferne und fügte dann hinzu: »Das mit dem Koffer war der größte Stunt, den ich bisher abgezogen habe.« Keiner der Beamten hatte gemerkt, dass der Steuerberater den Koffer, mit dem er ging, gar nicht mitgebracht hatte. Wäre herausgekommen, dass der Steuerberater Beweismittel vom Tatort entfernt hatte, hätte das weitreichende Konsequenzen nach sich gezogen. Eine Verurteilung wegen Strafvereitelung kann eine Gefängnisstrafe zur Folge haben, aber auf jeden Fall hat es berufsrechtliche Konsequenzen. Von einer Verwarnung über eine Geldstrafe bis zum Berufsausschluss reichen hier die Sanktionsmöglichkeiten.

Die Grundsatzproblematik des Steuerberaters

Die Aufgabe des Steuerberaters besteht also nicht nur darin, den Mandanten hinsichtlich der Gestaltung seiner Steuerlast zu beraten, sondern auch, ihn gegenüber dem Finanzamt zu vertreten. Gerade im Rahmen einer Betriebsprüfung ist das nötig. Es gibt eigentlich fast keine Buchführung, die zu hundert Prozent korrekt ist. Natürlich soll der Steuerberater für die Abgabe korrekter Informationen sorgen, aber er selbst ist wiederum abhängig von den Daten, die er von seinen Mandanten erhält, und von der Qualität dieser Daten. Ein nahezu klassisches Beispiel hierfür ist das Fahrtenbuch.

Wer vom Arbeitgeber einen PKW gestellt bekommt und diesen auch für private Zwecke nutzt, kann steuerlich günstiger wegkommen, wenn er den Umfang der geschäftlichen und privaten Nutzung über ein Fahrtenbuch nachweist. Jede der Fahrten muss dafür minutiös mit Kilometerstand vorher und nachher, Angaben über die Strecke und anderen Einzelheiten aufgeführt werden. Auch wenn bloß Kleinigkeiten darin fehlerhaft sind, kann der Finanzbeamte das gesamte Fahrtenbuch anzweifeln. Überschneidet sich etwa die Zeitangabe einer Tankrechnung, die um 12.15 Uhr ausgestellt wurde, mit einem Bewirtungsbeleg von 12.18 Uhr aus der Kasse eines Restaurants, die nicht von Winter- auf Sommerzeit umgestellt wurde, sind alle Aufzeichnungen hinfällig. Der Steuerzahler wird dann mit der Ein-Prozent-vom-Bruttolistenpreis-Regelung veranlagt. Das heißt, ihm wird pro Monat ein Prozent des Bruttolistenpreises seines Fahrzeugs zu seinem bisherigen Einkommen fiktiv hinzugerechnet. Bei einem Fahrzeug mit einem Listenpreis von fünfzigtausend Euro sieht man sich dabei mit einem um sechstausend Euro höheren zu versteuernden Jahreseinkommen konfrontiert. Obendrauf werden noch 0,03 Prozent des Bruttolistenpreises pro Monat und Kilometer des einfachen Fahrtwegs zur Arbeit zum Einkommen hinzuaddiert. In der Folge sieht sich so mancher Steuerzahler mit einer horrenden Nachzahlung konfrontiert. Der Hintergrund hierfür ist, dass der Steuerzahler durch ein Dienstfahrzeug, das er von seinem Arbeitgeber gestellt bekommt, einen geldwerten Vorteil erhält – das Auto wird sozusagen als Teil des Gehalts angesehen, da der Arbeitnehmer zum Beispiel nicht für die Kfz-Steuer aufkommen muss, die ja vom Arbeitgeber getragen wird. An diesem geldwerten Vorteil will der Staat mitverdienen. Auch wenn das Fahrtenbuch nun perfekt geführt scheint, kann am Ende ein böses Erwachen drohen – das Fahrtenbuch ist nur ein Beispiel unter vielen. Deshalb kommt es am Ende meist zu Verhandlungen. Die Finanzbeamten gehen mit einer möglichst hohen, manchmal mehr, manchmal weniger gerechtfertigten Hinzuschätzung zum tatsächlichen Gewinn in das Schlussgespräch, die sie durchsetzen möchten. In manchen Fällen wird einfach jede Information des Steuerzahlers angezweifelt. Ziel ist eine möglichst hohe Steuerzahlung. Die Aufgabe des Steuerberaters wiederum ist es, das Finanzamt möglichst weit herunterzuhandeln. Die dabei geführten Diskussionen haben unterschiedliche Qualität. Sie reichen vom Austausch guter Argumente bis zu sinnloser Paragrafenreiterei. Man könnte es für ein Spiel halten, wenn dabei nicht manchmal bis zu fünfstellige Beträge auf dem Spiel stünden. Doch auch für den Steuerberater selbst kann es hier um viel gehen.

Mandanten, die einem auf die Füße fallen

Überführt das Finanzamt einen Mandanten der Steuerhinterziehung, steht immer auch die Frage im Raum: Was wusste der Steuerberater davon? Hat er vielleicht dabei geholfen? Wenn ja, dann kann das schwerwiegende Konsequenzen haben. Hinterzieht der Steuerberater privat Steuern, wird ein Steuerstrafverfahren eingeleitet und im Fall des Falles wird er zu einer Steuernachzahlung verurteilt – wie jeder andere Bürger auch. Hilft er aber seinem Mandanten bei der Steuerhinterziehung und kommt das ans Licht, verliert er seine Zulassung und kann sich de facto einen neuen Job suchen.

Einige Finanzbeamte sehen es durchaus als eine Art Sport, Steuerberater aus dem Verkehr zu ziehen. Mit einer gewissen Vorliebe verbeißen sie sich in Fälle, die das erlauben, und lassen erst wieder los, wenn der Betroffene um Gnade bittet.

Die Taktik dabei ist, dass Steuerprüfer ein Unternehmen prüfen und dann den Inhaber mit einer hohen Nachzahlungssumme konfrontieren. Nun bieten sie einen Deal an, der unter anderem auch impliziert, die Schuld teils auf den Steuerberater abzuwälzen. Brachte man im Mittelalter die Menschen noch mit Daumenschrauben zum Reden, so lassen sich manche Menschen heute dazu bringen, wenn man ihnen mit einer Steuernachzahlung droht.

Einem meiner Kollegen ist das einmal passiert. Bei einer Betriebsprüfung hatte das Finanzamt eine Steuerhinterziehung in Millionenhöhe aufgedeckt. Da die Beamten davon ausgingen, dass so etwas nur mit Hilfe des Steuerberaters möglich war, boten sie dem Unternehmer einen Deal an: Die Höhe der Nachzahlung würde zurückgeschraubt werden, wenn er gegen seinen Steuerberater aussagen würde. Von Angst gepackt, ging der Mandant auf das Angebot ein. Binnen Stunden wurde die

Steuerfahndung bei dem Kollegen vorstellig und hinterließ in den Aktenschränken nur noch lose Blätter Papier. Mein Kollege hat einen Raum, in dem er seine Akten wandhoch lagert. Metallen hallten seine Schritte von den nackten Wänden, als er sich das Unheil ansah.

Nur mit Müh und Not konnte mein Kollege den Kopf aus der Schlinge ziehen. Dabei war die Lage zunächst alles andere als rosig. Es stand zwar Aussage gegen Aussage, aber da Gelder von den Kanzleikonten auf die Auslandskonten des Mandanten geflossen waren, waren die Indizien erdrückend. Tatsächlich hatte eine Angestellte des Steuerberaters, eine Steuerfachwirtin, die Anweisungen des Mandanten übernommen, ohne die Funktion des Kontos zu hinterfragen. Die Kanzlei war durch ihre Mandanten international stark vernetzt, es war daher kein ungewöhnlicher Vorgang und man konnte ihr keinen Vorwurf machen.

Erst als der Steuerberater begann, die Summen zu hinterfragen, die von einem Konto auf das andere gewandert waren, begann sich das Blatt zu wenden. Das Finanzamt selbst hatte den Fehler begangen, die für den Mandanten bestimmten Rückzahlungen auf das Konto des Steuerberaters zu überweisen, der diese wiederum auf das Konto seines Mandanten überweisen ließ. Mein Kollege musste aber noch weiter graben, um sich selbst zu entlasten. Das Finanzamt warf ihm nun vor, er habe das Konto im Ausland für seinen Mandanten eröffnet. Unter dem Druck der Finanzbeamten hatte der Mandant »gestanden«, dass mein Kollege für die Kontoeröffnung zuständig gewesen sei. Der Steuerberater konnte aber beweisen, dass die einzige Verbindung zwischen ihm und der Bank seines Mandanten in den monierten Überweisungen bestand. Über mühsam herbeiorganisierte Daten seines Telefonanbieters konnte er zeigen, dass niemand in seiner Kanzlei mit der Bank im Ausland telefoniert hatte – eine Tatsache, von der man eigentlich ausgehen musste, wenn man dort ein Konto eröffnet hätte. Das Finanzamt ließ aber nicht locker: Man müsse ja nicht telefonieren, um Geldtransaktionen zu tätigen beziehungsweise ein Konto zu eröffnen. Aber auch Verbindungen über das Internet ließen sich widerlegen: Dank mehrerer glücklicher Zufälle konnte der Steuerberater anhand der IP-Adressen nachweisen, dass die Website der Bank von niemandem in seiner Kanzlei aufgerufen worden war. Wenige Tage später bekam er seine Akten wieder zurück. Er erzählte mir, vor diesem Ereignis habe ihn seine Arbeit genervt, »diese turmhohe Ansammlung aus Schweiß, Arbeit und Verdruss«. Aber seit dem Vorfall ist er froh, dass sie nach wie vor sein Berufsleben bestimmt.

Zum Stellenprofil des Steuerberaters gehören also nicht nur Steuerkenntnisse und Verhandlungsgeschick, sondern ein grundsätzliches detektivisches Verständnis. Darüber hinaus müssen Steuerberater manchmal auch die Rolle des Kulturvermittlers übernehmen.

Steuerberater als Kulturvermittler

Unter meinen Mandanten sind einige Italiener. Wie ich von ihnen mitbekomme, zieht es viele ihrer Landsleute aufgrund der anhaltenden Wirtschaftskrise in Italien nach Deutschland. Einige der eingewanderten Italiener eröffnen Pizzerien und sehen sich mit der – wie sie es empfinden – Pedanterie der deutschen Steuerbeamten konfrontiert. Ein für sie neues System an Steuerregeln und -verfahren sowie die anfangs noch vorhandene Sprachbarriere machen es für sie darüber hinaus nicht leichter.

»Richie! Was will der? Ich versteh das nicht«, fragen sie mich, wenn mal wieder eine E-Mail oder ein Brief vom Finanzamt ins

Haus flattert. Wird darin um die Vorlage von Kontoauszügen gebeten oder um die der Speise- und Getränkekarten, dann ist das noch verständlich. Wenn aber plötzlich sperrige Wortungetüme auftauchen wie »Kassendokumentationsunterlagen« oder »Dokumentation der Kassenprogrammierung« – was für 95 Prozent aller verwendeten Kassen einfach »Bedienungsanleitung« heißt –, dann kann schon nicht mehr jeder folgen. Wenn dann in der E-Mail weiterhin die Rede ist von Z-Bons, Z2-, Zeitzonen- und Warengruppenberichten, dann versteht eigentlich fast keiner mehr, wovon die Rede ist.

Ja, jeder, der ein Unternehmen – egal welcher Form – eröffnet, muss sich darüber im Klaren sein, welche Pflichten damit einhergehen – er will schließlich auch die Früchte seiner Arbeit ernten. Mein Verhältnis zu meinen Mandanten ist grundsätzlich sehr persönlich. Ich komme deshalb nicht umhin, einen Blick hinter die Fassade zu werfen – und da entdeckt man plötzlich tragische Geschichten. Einer meiner Mandanten ist mit seiner Familie aus Neapel nach Deutschland gekommen, damit es seinen Kindern später erspart bleibt, in einer Gegend aufzuwachsen, in der die Mafia der größte Arbeitgeber ist. Ein anderer Mandant von mir betreibt ein chinesisches Restaurant. Um einer Verfolgung durch das chinesische Regime zu entgehen, zog er nach Deutschland und eröffnete dort ein Restaurant. Nebenher arbeitet er als Übersetzer.

Teilweise unfreiwillig aus ihrer Lebensplanung gerissen, kamen manche meiner Mandanten nach Deutschland, wo sie mit einer gänzlich anderen Kultur konfrontiert sind, die für sie einen furchtbaren Hang zur Pedanterie hat. Als ich einen Mandanten vor einiger Zeit besuchte, um die monatlichen Belege für die Buchhaltung abzuholen, lotste er mich in die Küche. »Richie, du glaubst nicht, was ich von zuhause mitgebracht habe. Mein Bruder züchtet die.« Er führte mich ins Kühllager.

Dort zeigte er mir die größten Trüffel, die ich jemals gesehen habe. »Was meinst du?«, fragte er mich. »Klasse«, gab ich zurück. »Ist die Rechnung dafür bei den Unterlagen?« »Ihr Deutschen. Immer Steuer, immer alles genau.« Das Lächeln, mit dem er das gesagt hatte, gefror, als ich ihm klarmachte, dass ihm das Finanzamt die Ausgaben nicht anerkennen würde, wenn er sie nicht durch eine Rechnung würde belegen können. Für die Trüffel hatte er dreitausend Euro auf den Tisch gelegt. So schnell konnte ich gar nicht schauen, wie er am Telefon hing und seinem Bruder klarmachte, dass er eine Rechnung brauchte.

Wie man sieht, geht der Beruf des Steuerberaters über die Arbeit mit Zahlen weit hinaus und berührt ganz konkrete Aspekte im Leben der Mandanten. Dies gilt auch für das nächste Beispiel, das belegt, dass man Mandanten manchmal sogar Dinge raten muss, die man selbst nicht tun würde.

Gegen den eigenen Willen

»Wollen Sie, dass ich aus der Kirche austrete?« Diese Frage höre ich mit einer gewissen Regelmäßigkeit immer wieder. Dass Menschen aus der Kirche austreten, nur um Kirchensteuer zu sparen, ist weithin bekannt. Dass ich ihnen als Steuerberater etwas raten muss, was ich selbst nicht getan habe oder tun würde, ist für mich eigenartig, hat aber mit meinem Beruf und dessen Verpflichtungen zu tun. Steuerberater sind vom Gesetz und der Rechtsprechung her verpflichtet, ihre Mandanten auf alle Steuern aufmerksam zu machen, die für sie relevant sind. Dazu gehört auch logischerweise die Kirchensteuer. Sie beträgt acht Prozent der Einkommensteuer, auf die sie aufgeschlagen wird. Normalerweise ist der entsprechende Betrag nicht allzu groß im Verhältnis zum Einkommen des Mandanten. Doch das ist nicht immer der Fall. Anders sieht es beispielsweise aus, wenn sich das zu versteuernde Einkommen plötzlich deutlich erhöht. Bei einem Grundstücksverkauf ist man schnell mit einem Betrag in sechsstelliger Höhe dabei. Entsprechend wirkt sich das auf das Einkommen aus. Die Höhe des Kirchensteuerbetrags kann sich dann schnell mal auf 25 000 Euro belaufen. Ein hoher Betrag, vor allem, wenn man das durch einen Verkauf erworbene Geld schnell wieder in ein neues Objekt investieren will. Mit einem Kirchenaustritt könnte nun beispielsweise die Finanzierungsgrundlage für das neue Eigenheim gesichert werden. (Wobei hierbei ein Fallstrick nicht übersehen werden darf: Im Austrittsjahr müssen noch anteilige Steuern bezahlt werden. Tritt jemand zum 1. März aus der Kirche aus, muss er immer noch zwei Zwölftel des Kirchensteuerbetrages für das entsprechende Jahr bezahlen.) Weist der Steuerberater in solchen Situationen nicht auf die Kirchensteuer hin, kann die Sache für ihn schnell zum Problem werden. Ein Mandant kann seinen Steuerberater in die Pflicht nehmen, wenn dieser ihm eine entsprechende Belehrung über das mögliche Potenzial einer Steuerersparnis vorenthält – das gilt auch dann, wenn er beispielsweise nicht die Möglichkeit eines Kirchenaustritts als Steuerersparnis erwähnt. Der Steuerberater hätte dann die Höhe der Kirchensteuer an den Mandanten zu entrichten.

Weil wir schon beim Thema »Kirchensteuer« sind – ein kurzer Exkurs: Wird ein Steuerpflichtiger der Steuerhinterziehung überführt oder auch nur höher veranlagt, wird er wenige Wochen später Post vom Kirchensteueramt bekommen. Da sich durch die Nachveranlagung die Höhe seiner Einkommensteuerschuld geändert hat, ändert sich in der Konsequenz auch der Betrag der abzuführenden Kirchensteuer. Der Steuerschuldner wird erneut zur Kasse gebeten.

Ich habe bisher immer davon gesprochen, dass meine Mandanten Steuern bezahlen müssen. Steuerberater und alle anderen Personen, die im Steuergewerbe tätig sind, sind natürlich auch dazu verpflichtet. Was zu kuriosen Begebenheiten führt.

Beruf verpflichtet

Als ich im Jahr 2002 meine Kanzlei eröffnete, waren meine ersten Kunden Brauereien. Zur »Wiesn«-Zeit im Herbst desselben Jahres kündigten sich gleich drei Brauereibesitzer aus dem Norden für einen Besuch an, um – in ihren Worten –»die bayerische Bierkultur mal ausgiebig zu testen«. Da wir noch diverse steuerliche Fragen durchzugehen hatten, kam mir ihr Besuch sehr entgegen. Abends, nach getaner Arbeit, ging es also ins Hippodrom – eines der Festzelte auf der »Wiesn«. Wir verbrachten einen lustigen Abend bei Bier, Brezen und Wiesnhendl. Als wir schließlich zahlten, fragte ich die Bedienung nach einem Bewirtungsbeleg. »Wie hoch?«, fragte sie zurück. Da die Musik schon ziemlich laut war, dachte ich, sie nicht richtig verstanden zu haben. Ich beugte mich zu ihr herunter und bat sie, ihre Frage zu wiederholen. Doch sie wiederholte nochmal: »Wie hoch soll er denn sein, der Bewirtungsbeleg?«

»Ääh … Einfach für unseren Tisch.« Ich deutete hinüber zu den drei Herren, die meine Interaktion mit der Bedienung gespannt beobachteten.

»Ich bring sie Ihnen gleich«. Während ich zu unserem Tisch zurückging, druckte die Bedienung unseren Beleg aus. Wenige Minuten später kam sie zu uns, legte den Beleg auf den Tisch und nannte mir den Preis. Ich zahlte, nahm den Zettel und wir gingen. Als ich am nächsten Tag in meine Kanzlei kam, legte ich den Beleg natürlich zu meinen Akten und warf nur zufällig einen Blick darauf. Jetzt wusste ich, was die Bedienung mit »Wie hoch?« gemeint hatte.

Auf dem Beleg war knapp das Zweieinhalbfache unserer tatsächlichen Zeche aufgeführt. Ich rechnete alles nochmal nach – aber tatsächlich: Die auf dem Beleg ausgewiesene Rechnung enthielt so viele Posten, als seien wir nicht zu viert, sondern zu zehnt essen gegangen. Da ich am Folgetag zu meinem Glück einen Termin in München hatte, konnte ich dem Zelt nochmals einen Besuch abstatten, um für meine Unterlagen einen korrekten Beleg zu bekommen. Als ich auf dem Nachhauseweg war, wurde mir klar, warum so etwas möglich ist. Niemand auf der Wiesn verlangt nach einer Rechnung oder einem Beleg, außer der Anlass ist geschäftlich. Da die Buchungen in der Kasse ohne Trennung der Tische geschehen, kann eine findige Bedienung, die ihrem Gast etwas Gutes tun will, auf diese Weise die beim Finanzamt absetzbare Summe erhöhen, ohne dass das Finanzamt die Möglichkeit hat, sie zu überprüfen. Eine besondere Form von Kundenservice sozusagen. Zum Glück bekam ich den gewünschten, korrekten Bewirtungsbeleg, den ich später in der Steuer angeben konnte.

Eine Mehrheit derjenigen, die für das deutsche Steuersystem tätig sind, wird versuchen, ebenso korrekt mit ihren Steuerpflichten umzugehen. Das kann schon zu der einen oder anderen Einschränkung führen, wie auch die folgende Geschichte zeigt.

Der Steueranwalt und seine Putzfrau

Wer von den Steuerberatern und -anwälten als Privatperson der Steuerhinterziehung überführt wird, steht zwar nicht gleich vor dem beruflichen Aus – er ist dann aber trotzdem nicht in einer guten Situation, – was zu einer Art unausgesprochenem Kodex führt: Jeder in der Branche versucht, so korrekt wie möglich seine Steuern zu bezahlen. Welch groteske Folgen das haben kann, das durfte ich bei einem befreundeten Anwalt erleben. Wir hatten uns auf ein Bier verabredet und ausgemacht, dass ich ihn abholen würde, da seine Wohnung auf dem Weg zum Biergarten lag. Als ich bei ihm klingelte, bat er mich über die Sprechanlage, doch bitte noch eine Runde um den Block zu drehen. Er sei gleich so weit, müsse aber vorher noch etwas erledigen. Ich ging also eine Runde und klingelte erneut, als ich zurück war. Er wollte mich nochmal um den Block schicken, ließ mich dann aber doch rein. Ich ging in den dritten Stock hinauf und sah nur eine Anzughose mit Schürze in der Tür zur Wohnung meines Freundes verschwinden. Ich warf einen Blick in die Wohnung. Der Anwalt schrubbte wild mit einem Wischmob den Flurboden. Als ich klopfte, blickte er auf und meinte mit etwas hektischem Blick: »Hab's gleich!« Dann legte er noch einen Zahn zu. Ich stand etwas unschlüssig im Gang. Wenige Minuten später war er fertig, schüttete das Putzwasser weg und sah mich entnervt an: »Ich hätte irgendwas mit Urheberrecht machen sollen … oder mich auf Haushaltsrecht spezialisieren.« Da sich seine Freundin, mit der er in einer Fernbeziehung lebte, spontan für das Wochenende angekündigt hatte, hatte er noch schnell die Wohnung auf Vordermann bringen müssen. Eigentlich kein großes Ding – aber da er momentan in einem großen Steuerfall steckte, kam er unter der Woche immer erst spätabends nach Hause und wollte und konnte dann nicht mehr putzen.

»Und wenn du dir einfach eine Putzfrau suchst?«, warf ich ein.

Er schüttelte den Kopf, als wäre ich ein kleines Kind, das vom Leben wenig Ahnung hat: »Find mal eine, die auf Lohnsteuerkarte arbeitet.«

Ein gutes Argument. Die Förderung von Schwarzarbeit macht sich bei einem Steueranwalt, der regelmäßig mit Steuerhinterziehungsfällen in Millionenhöhe zu tun hat, wirklich nicht gut in der Vita. Einige Monate später hatte er dann doch eine Putzfrau gefunden – allerdings zu Preisen deutlich über dem marktüblichen Niveau. Allerdings kein allzu großes Problem, wenn man genügend Mandanten hat – und diese nicht durch Heidi Klum abgeschreckt werden.

Heidi, der Boxer und ich

Vor einigen Jahren war ich durch einen Bekannten bei »Germany's Next Topmodel« gelandet. Nicht als Kandidat – was Sie sich auch schwerlich vorstellen könnten –, sondern als Zuschauer. Ich hatte mit dieser Show eigentlich nie etwas am Hut gehabt, aber das ganze Drumherum einer Fernsehsendung mitzuerleben interessierte mich. Nach der Aufzeichnung stieg eine After-Show-Party, auf der ich mich zufällig neben Heidi Klum am Buffet wiederfand. Wir kamen ins Gespräch und aus einer Laune heraus fragte ich sie, ob meine Freundin ein Bild von uns beiden machen könne, woraufhin sie einwilligte. In den folgenden Tagen erzählte ich natürlich jedem, den ich traf, von meiner Begegnung. Auch in mehreren Steuerberater-Seminaren, die ich gab, wollte mir niemand glauben. »Die Klum«, wie es hieß, lasse sich selten von Privatpersonen ablichten. Da mir niemand glaubte, stellte ich das Bild auf meine Homepage. Ein Fehler.

Der Beruf des Steuerberaters kann an und für sich ein geruhsamer sein. Die täglich und monatlich wiederkehrenden Abläufe sind sehr ähnlich. Für etwas Abwechslung sorgen hin und wieder neue Mandanten, oder seltener: Notfälle. Ende 2012 ging ein Anruf auf meinem Notfallhandy ein. Da auch Steuerberater einem gewissen Konkurrenzdruck unterliegen, hatte ich mir einen besonderen Service ausgedacht. Um mich von der Konkurrenz zu unterscheiden, die Visitenkarten hatten wie jeder andere, habe ich mir vor einigen Jahren »Notfallpäckchen« zugelegt. Die Hülle ist eine Plastikfolie mit meinen Kontaktinformationen: E-Mail, Fax, Anschrift. Das Übliche. Reißt man die Plastikfolie auf, findet sich darin eine Karte mit der Nummer meines Notfallhandys, unter dem ich 24 Stunden erreichbar bin. Da in der Zeit damals immer mehr Steuerbetrüger aufflogen, war die Resonanz stets positiv – im doppelten Sinne: Das Handy hat zwar nie geklingelt, doch anscheinend vermittelt mein Notfallpäckchen einen derartigen Einsatzwillen meinerseits, dass ich allein dadurch viele Mandanten gewinnen konnte.

Nun also klingelte das Notfallhandy erstmals. Der Anrufer am anderen Ende der Leitung war im Vorstand einer kurz zuvor gegründeten Aktiengesellschaft und bat mich, die Buchhaltung des Unternehmens zu überprüfen. Um mich über die Lage im Unternehmen zu informieren, leitete er den E-Mail-Verkehr seiner Vorstandskollegen an mich weiter, und nach knapp zehn Minuten Lektüre war ich gespannt, was für ein Abenteuer mich da wohl erwarten würde.

Ich fuhr nach München und verbrachte mehrere Tage vor verschiedenen Computermonitoren, wälzte Ordner mit Belegen und fand mich in einem regelrechten Krimi wieder. Einer der Vorstände, ein Anwalt, hatte Gelder der Firma in private Kanäle umgeleitet. In großem Stil hatte er die Gebühren einer Privatschule, die seine Kinder besuchten, über Firmenkonten abgerechnet sowie diverse Kinderwagen oder private Restaurantbesuche darüber bezahlt. Doch damit nicht genug: Auch

Geschenke an eine Haushälterin waren über die Kreditkarte der Firma bezahlt worden. Sein privates Handy und das seiner Frau liefen ebenfalls über das Bankkonto der Aktiengesellschaft. Als ich mich weiter durch die Belege arbeitete, entdeckte ich zudem eine Urlaubsreise nach Sri Lanka, die der Vorstand mit seiner Frau unternommen hatte.

Ich stellte meine Erkenntnisse den anderen Vorstandsmitgliedern vor, die angesichts des Ausmaßes der Affäre erschüttert waren. In einem Eilverfahren wurde der Vorstand, der später der Untreue schuldig befunden wurde, von seiner Arbeit entbunden. Nun stand das Unternehmen vor einem neuen Problem: Die Anwaltskanzlei des untreuen Vorstandes hatte auch die Buchhaltung der Aktiengesellschaft geführt und fiel nun aus. Ich witterte die Chance auf ein großes Mandat und bekundete mein Interesse an der neuen Aufgabe. Eigentlich hatte ich gute Karten – bis einer der Vorstände einen Blick auf meine Homepage warf und falsche Schlüsse zog. Dort war immer noch das Bild mit Heidi Klum zu sehen. Außerdem hatte sich inzwischen eines mit einem der Klitschko-Brüder dazugesellt. »Wir brauchen keinen Promi-Fuzzi«, waren die Worte dieses Vorstandes, und seine Kollegen gaben ihm recht. Ein gebranntes Kind scheut das Feuer – und so ging das Mandat nicht an mich. Wie ich einige Zeit später erfuhr, war es in den Folgemonaten immer noch vakant.

Intuition statt Zahlen

Geht es in meinem Beruf meist um Zahlen, so ist hin und wieder Intuition gefragt. Anfang 2012 kündigte sich bei dem erwähnten Cateringbetrieb, den ich durch einen Bluff gerettet hatte, erneut eine Betriebsprüfung an. Roswitha Mertel hieß die

Betriebsprüferin. Die Anbahnung der Prüfung lief schon wenig vielversprechend: Bereits die Telefongespräche hatten eine ruppige Tonlage. Vorsichtig formuliert: Man konnte schon von vornherein erahnen, dass da zwei Charakterköpfe aufeinandertreffen würden. Als Frau Mertel nun zur Betriebsprüfung erschien, erwartete ich sie auf dem Parkplatz. Ihr Wagen hatte ein Kennzeichen, das mit IN-RM begann. In München haben eigentlich nur Fahrzeuge des FC Bayern ein *RM* als Kennzeichen, welches für *Rekordmeister* steht. Ich sprach sie darauf an und ob sie denn Fußball-Fan sei – einfach um ein bisschen Schönwetter zu machen. Sie ging gar nicht drauf ein, sondern lief schnurstracks auf den Firmeneingang zu. Da die Lage schon etwas angespannt war, verkniff ich mir eine Reaktion und zeigte ihr den Betrieb. Eine anfängliche Betriebsbesichtigung ist Teil des Betriebsprüfungsprozesses und gehört zum Standardverfahren.

Als ich Frau Mertel mit den Örtlichkeiten vertraut machte, kamen wir in einen der Lagerräume. Ich öffnete die schwere Eisentür und Frau Mertel betrat den Raum. Sie sah sich genau um. Ich weiß nicht, was mich in dem Moment ritt, aber es platzte einfach aus mir heraus: »Frau Mertel, das ist die Gelegenheit, Sie hier einzusperren. Dann warte ich, bis die Vergehen meines Mandanten verjährt sind und lass Sie erst danach wieder raus. Essen ist ja genug da.«

Mit breitem Grinsen stand ich in der Tür und hatte die Hand am Knauf.

»Das trauen Sie sich nicht«, gab sie zurück.

»Nein, nicht wirklich«, antwortete ich, woraufhin wir beide lachen mussten. Das Eis war gebrochen. Die Betriebsprüfung lief dann – anders als ursprünglich erwartet – sehr entspannt ab.

Stolz erzählte ich die Geschichte meinem Mandanten, der meine Schilderung ungläubig aufnahm. Als ich sie auch im Freundes- und Bekanntenkreis erzählte, blickte ich in erschreckte Gesichter. Einer meiner besten Freunde sagte, was wohl alle dachten: »Bist du wahnsinnig?! Was hättest du gemacht, wenn das schiefgegangen wäre?« Doch ich hatte in dem Moment nicht das Gefühl gehabt, dass es schiefgehen könnte. Ich war einfach meiner Intuition gefolgt – die man als Steuerberater nur hin und wieder braucht. Viel zu häufig geht es um Zahlen, Daten und Fakten – oder anders formuliert: um das »Controlling Cockpit«. Ja, Fliegen hat einiges mit dem Beruf des Steuerberaters zu tun.

Das Prinzip des Controlling Cockpit

Ich reise gerne. Über die Jahre habe ich deshalb allmählich folgende Leidenschaft entwickelt: Ich interessiere mich für alles, was mit dem Fliegen zu tun hat – egal, ob es um Flugzeuge aus unterschiedlichen Jahrzehnten oder die Infrastruktur von Flughäfen geht. Wann immer ich die Chance bekomme, hinter die Kulissen des Fliegens zu schauen, entdecke ich wieder den kleinen Jungen in mir, der sich staunend, ehrfürchtig und begeistert in einer Sache verlieren kann. Vor drei Jahren erlebte meine Leidenschaft einen kleinen Höhepunkt. Ich war auf dem Weg nach Singapur und an Bord hatte eine Bekannte ihren Dienst als Stewardess. Sie erzählte der Crew, dass ich genau an diesem Tag Geburtstag hatte. So wurde mir ein besonderes Geschenk bereitet: Ich durfte den Start auf einem Sitz im Cockpit erleben. Dabei ist mir etwas über meinen Beruf bewusst geworden.

Die Stewardess hatte mich nach vorne geleitet und mir einen Sitz zugewiesen, von dem aus ich das Cockpit gut überblicken konnte. Überall blinkten grüne, gelbe und blaue Leuchten, während der Pilot und sein Co-Pilot routiniert ihre Pre-Flight-Checklisten abhakten. Ich wurde mit einem kurzen Nicken begrüßt, dann arbeiteten die zwei konzentriert weiter. Auf die knappen und deutlichen Kommandos des Piloten hin wurden Schalter umgelegt, Knöpfe gedrückt, Displays abgelesen.

Ebenso knapp und deutlich wurde die Ausführung gemeldet. Ein kurzer Moment der Entspannung ergab sich erst, als sich der Pilot beim Tower in derbstem Bairisch meldete und der Tower ebenso mit einem »Kemmt's guad weg!« die Startfreigabe erteilte. Die Crew wechselte wieder in ihren konzentrierten Arbeitsmodus und ging ebenso effizient den Start an. Die Maschine beschleunigte und hob ab. Als wir die Reiseflughöhe erreicht hatten, knipsten die zwei ihre professionelle Konzentriertheit aus. Unter Lachen, Schulterklopfen und eifrigem Händeschütteln gratulierten sie mir zum Geburtstag und erklärten mir danach alles, was ich wissen wollte. Der kleine Junge in mir kam aus dem Grinsen nicht mehr heraus.

Diese Erfahrung war derart überwältigend für mich, dass ich die kommenden Wochen fast täglich an diese kurze, aber tolle Zeit mit den Piloten zurückdenken musste. Doch was die Piloten in ihrem Cockpit machten, passiert auch in einem Unternehmen. Die Cockpit-Metapher wird regelmäßig im Management-Bereich angewandt. Jeder, der sich mit der Materie beschäftigt, wird über kurz oder lang auf sie stoßen. Doch was wirklich konkret dahintersteckt, wurde mir erst auf diesem Flug klar.

Das Controlling Cockpit im Unternehmen

Der Begriff »Controlling Cockpit« verweist darauf, dass Entscheidungsträger wie in einem Cockpit bei der Analyse einer Situation auf abstrakte Daten angewiesen sind, die die Situation darstellen. Ihre Entscheidungen werden über bestimmte Steuerungsinstrumente erst an die entsprechenden Stellen vermittelt, an denen sie sich auswirken. Um beim Beispiel der Piloten zu bleiben: Sie bekommen eine Information – über ein Display, ein Warnlicht oder ein akustisches Signal. Darauf reagieren sie. Sie bewegen einen Hebel oder drücken Schalter und korrigieren damit die Flugbahn, starten oder landen. Die Position meiner Mandanten ist mit der der Piloten im Cockpit vergleichbar. Ihre Displays und Warnlichter sind Bestandskonten, Inventarlisten, die Finanzbuchhaltung und ihre Jahresabschlüsse. Anhand dieser abstrakten Signale geben sie den weiteren Kurs vor oder erkennen, ob etwas schiefläuft. Ihre Angestellten erledigen dann die Arbeit. Der Ort der Erkenntnis und der Entscheidung ist auch hier vom Ort der Ausführung getrennt.

Der erste Bestandteil des Begriffs »Controlling Cockpit«, das »Controlling«, ist im Übrigen ein wichtiger Bereich der Betriebswirtschaftslehre und beschreibt die Informationsaufgabe der Buchhaltung. Ein Controller bucht nicht nur Geschäftsvorfälle, sondern versorgt das Management auch mit Zahlen und Daten, auf deren Grundlage Entscheidungen getroffen werden können. Wo das nicht oder nur unvollständig geschieht, ist es sehr wahrscheinlich, dass das Unternehmen vom Markt verschwinden, also »abstürzen« wird.

Zahlreiche meiner Mandanten stehen an der Spitze von Unternehmen, deren Größe es nicht zulässt, dass sie sich um die Kleinteiligkeit des täglichen Geschäfts kümmern. Das Controlling Cockpit liefert ihnen aber die Zahlen und Daten, die sie brauchen, um Störungen zu erkennen. Ich als Steuerberater habe dabei die Rolle des Co-Piloten inne: Ich lese die Instrumente ab, reagiere auf Warnleuchten, während meine Mandanten den Kurs vorgeben. Wie essenziell das Controlling Cockpit für ein Unternehmen ist, erfuhr ich gleich zu Beginn meiner Karriere in aller Deutlichkeit.

Die Dame in der Buchhaltung

1990 arbeitete ich noch in der Revision einer größeren Wirtschaftsprüfungsgesellschaft. Den Mandanten hatte ich von dem Mitarbeiter übernommen, der zuvor meine Stelle bekleidet hatte. Mein Chef hatte mich beauftragt, den Jahresabschluss für das Unternehmen zu erstellen. Das Luitbräu war eine mittelständische Brauerei, die – durch eine glückliche Fügung des Schicksals – ihr Bier an ein kleines Oktoberfest in der chinesischen Provinz lieferte. Der Umsatz des Unternehmens war so groß, dass zehn Buchhalterinnen vollauf damit beschäftigt waren, die kalkulatorische Seite des Unternehmens am Laufen zu halten.

Ich verstand mich mit den Damen sofort hervorragend und wir arbeiteten einige Wochen gut zusammen. Bei meiner Revision fiel mir ein Durchlaufkonto auf, das zu diesem Zeitpunkt des Geschäftsjahres einen Betrag von dreihunderttausend Euro aufwies. Er hätte eigentlich deutlich niedriger sein müssen. Ich verlangte eine Rücksprache mit dem Prokuristen, der aber auch nichts zur Erhellung des Umstandes beitragen konnte – der meinte nur: »Das bucht sich schon aus«. Hier muss ich zum besseren Verständnis einen kleineren Exkurs unternehmen: Jede Buchführung hat so ein Durchlaufkonto. Der Grund ist folgender: Entsprechend den gesetzlichen Bestimmungen dürfen auf jeglichen Konten nur Beträge gebucht werden, die durch einen Beleg auch ausreichend dokumentiert sind. Hin und wieder kommt es aber vor, dass diese Belege fehlerhaft sind. In diesen Fällen wird das Geld auf einem Durchlaufkonto »geparkt«, bis ein korrekter Beleg vorhanden ist. Erst danach wird der Betrag auf die entsprechenden Konten weitergebucht. Jeder Betrag also, der auf dem Durchlaufkonto landet, wird im Laufe des Jahres auch wieder ausgebucht. Logischerweise hätte der Kontostand am Ende des Jahres null oder zumindest deutlich niedriger als dreihunderttausend Euro sein müssen.

Ordnungsgemäß erstellte ich den Jahresabschluss. Bevor ich die Brauerei verließ, sah ich mir mehr aus einer Laune heraus noch die Bücher der vergangenen Jahre an und konnte deshalb meinem Vorgesetzten gegenüber mit einer weiteren Information aufwarten: »Ich bin die letzten Jahre durchgegangen. Die Höhe des Kontos steigt jedes Jahr um vierzigtausend Euro. Die Rücksprache mit dem Prokuristen hat nichts ergeben – der weiß auch nicht, wie die Höhe des Kontos zustande kommt.« Mein Vorgänger hatte das Konto auch immer abgezeichnet, ohne groß nachzufragen. Mein Chef meinte nur: »Ich übernehme das.«

Die Zeit verging, die Vorkommnisse im Luitbräu gerieten für mich bald in Vergessenheit, da ich durch eine Beförderung mit neuen Aufgaben eingedeckt war. Bis ich ein gutes Jahr später ins Büro meines damaligen Chefs gebeten wurde.

»Können Sie sich noch an das Konto beim Luitbräu mit den dreihunderttausend erinnern?« Ich nickte. Die folgende Erzählung verblüffte mich. Eine Buchhalterin hatte ihre kriminelle Ader entdeckt und über den Zeitraum von fünf, sechs Jahren regelmäßig Geld abgezweigt. Neben den ganzen klassischen Tätigkeiten einer Buchhalterin war es natürlich ihre Aufgabe, Überweisungsformulare und Schecks zur Bank zu tragen. Kein weiter Weg, lag das Bankhaus doch nur zwei Straßen weiter. Von zehn Formularen waren neun auf Lieferanten der Brauerei ausgestellt, das zehnte lautete auf ein Konto der Buchhalterin. Seit Jahren hatte sie dem Geschäftsführer die Formulare zur Unterschrift hingelegt, ohne dass diesem etwas aufgefallen war. Nach zwanzig Jahren, die sie zusammenarbeiteten, vertraute er ihr blind. Die Beträge waren nicht besonders auffällig, so hatte sie es über die Jahre geschafft, die Summe von dreihunderttausend Euro auf die Seite zu schaffen.

Um das zu erklären, muss ich nochmal etwas weiter ausholen: Eine der goldenen Regeln der Buchführung lautet: »Keine Buchung ohne Gegenbuchung«. Bei jeder Buchung ist ein weiteres Konto der Bilanz betroffen. Verkauft zum Beispiel ein Geschäftsmann einen Bürostuhl in bar, nimmt das Konto »Kasse« zu und das Konto »Betriebs- und Geschäftsausstattung« ab – das Geld in der Kasse vermehrt sich durch den Verkauf, während sich die Ausstattung um einen Stuhl reduziert. Die Buchhalterin buchte den Betrag der von ihr gefälschten Rechnung als Ausgabe auf das Durchlaufkonto und überwies den entsprechenden Betrag dann auf ihr eigenes Konto. Das Durchlaufkonto ist ein Bestandskonto, was bedeutet, dass Buchungen darauf nicht als Aufwand verbucht werden und deshalb den Gewinn nicht senken. Das war der Grund, wieso sie lange Jahre nicht aufflog. Der Umstand, dass ein Durchlaufkonto eine hohe Menge an Geschäftsvorfällen aufweist und Ein- und Ausbuchungen damit schnell undurchschaubar werden, tat sein Übriges.

Sie wurde nur entdeckt, weil sie eines Tages einen Schwächeanfall erlitt und eine Kollegin ihre Arbeit übernehmen musste. Der Dame am Bankschalter fiel auf, dass in dieser Woche eine Überweisung fehlte. Sie nannte der Kollegin die Kontonummer, worauf die Vertretung am Arbeitsplatz der Kollegin nach der Überweisung suchte. Bei einer Durchsicht der Unterlagen stellte sie fest, dass die Brauerei keinen Lieferanten mit genau dieser Kontonummer hatte. Als man die Buchhalterin damit konfrontierte, die wenige Tage später aus dem Krankenstand zurückkehrte, war sie schnell geständig.

Der Buchhalterin wurde fristlos gekündigt. Mit ihren sechzig Jahren fand sie keine Stelle mehr und so musste ihr Ehemann bei einem geringen Gehalt bis zu ihrer Verrentung für ihren Lebensunterhalt aufkommen. Da die beiden den größten Teil des Geldes in den vergangenen Jahren für Reisen ausgegeben hatten, waren von den dreihunderttausend nur noch knapp dreißigtausend Euro übrig. Diesen Betrag zahlte sie der Brauerei zurück. Eine weitere Zahlung von um die zehntausend Euro konnte sie an die Brauerei leisten, nachdem sie einige Sachen verkauft hatte, die sie mit dem ergaunerten Geld erworben hatte. Ihr Mann erklärte sich dazu bereit, den Rest der Schuld mit zweihundert Euro im Monat zu tilgen – mehr kann er aufgrund seines niedrigen Gehalts nicht bezahlen.

Doch damit war es nicht genug: Nicht nur die Ehe der beiden war in Schieflage geraten. Auch die Beziehung der Wirtschaftsprüfungsgesellschaft zum Luitbräu stand kurz vor einem Zerwürfnis. Irgendwo im oberen Bereich des Managements der Wirtschaftsprüfungsgesellschaft hatte man es verschlafen, dem Konto mit den dreihunderttausend Euro auf den Grund zu gehen. Als man mich zu dem Konto befragte, verwies ich an meinen Chef, der damals die Sache übernehmen wollte. Auch der war aus den Zahlen nicht schlau geworden und hatte es weitergegeben. Es war die Rede von Schadensersatz in Millionenhöhe, Köpfen, die Rollen sollten, dem Ende der Geschäftsbeziehung… Das ganze Programm! Doch letztlich konnten sich alle Beteiligten gütlich einigen und man kam mit einem blauen Auge davon. Aber für dieses Erlebnis zu Beginn meiner Arbeit bin ich sehr dankbar! Es hat mir eines deutlich vor Augen geführt: Verliert man das eigene Unternehmen und die darin geschehenden Abläufe aus den Augen, liest man die Instrumente nicht korrekt ab und hört nicht auf die Warnsignale, kann man ganz schnell abstürzen. Wenn es – wie in dem geschilderten Fall – jemanden gibt, der die Instrumente unbemerkt manipulieren kann, kann man leicht vom Kurs abkommen. Dafür braucht es aber im Grunde niemanden aus der Buchhaltung – ein »normaler« Angestellter reicht dafür schon.

Einem Dieb auf der Spur

Man sollte eigentlich keine Lieblingsmandanten haben, aber das Schöne am Steuerberaterberuf ist, dass man meist mindestens drei Gastronomen zu seinen Mandanten zählt. Manchmal entwickelt sich eine freundschaftliche Ebene und man wird eingeladen, wenn es darum geht, neue Menüs und Rezepte zu probieren.

2003 eröffnete in München ein griechisches Restaurant, das ich aufgrund einer Empfehlung bald zu meiner Mandantschaft zählen konnte. Nikolaos Ravidis kocht eine Küche, die wenig mit dem Gyros-Zaziki-Einheitsbrei der Konkurrenz zu tun hat. Auf kreative Art und Weise fusioniert er die griechische mit der asiatischen Küche.

Um festzustellen, ob das Geschäft rentabel lief und neben den Einkaufskosten auch die monatlich anfallenden Fixkosten wie Miete, Strom oder Gehälter tragen konnte, errechnete ich den Rohgewinnaufschlagsatz. Für Ravidis' Restaurant war ein Satz von mindestens 280 Prozent nötig, damit der Betrieb auf Dauer auf gesunden Beinen stehen würde. Bei meiner ersten Berechnung der Situation kam ich auf 220 Prozent. Nichts Unnormales für ein Restaurant, das gerade eröffnet hat. Doch der Satz sank innerhalb der ersten drei Monate auf 140 Prozent, obwohl die Gaststätte ab dem zweiten Monat immer zu 100 Prozent ausgelastet war und mittlerweile sogar eine Warteliste führte.

Anhand der Umsatzzahlen erstellte ich eine Aufschlagsatzliste für jedes einzelne Gericht. Die Fleischgerichte kamen teilweise nur auf achtzig Prozent, einige Nudelgerichte aber auf fünfhundert Prozent. Wir gingen jeden einzelnen Posten der Buchhaltung durch, doch wir fanden im Wareneinkauf keine einzige Stellschraube, an der wir hätten drehen können. Im Gegensatz zu vielen anderen Gastronomen hatte Ravidis seine Hausaufgaben gemacht und sein Geschäft auf eine solide Basis gestellt: Jedes Gericht war gut kalkuliert, wie wir anhand der Einkaufspreise und der laufenden Geschäftskosten ermittelten. Wir suchten weiter, untersuchten die Lagerhaltung, die Umsätze an der Bar und im Restaurant. Doch nichts. Im Restaurant meines Mandanten lief zumindest der organisatorische Teil wie am Schnürchen. Es wurde nichts weggeworfen, nichts verdarb. Letztlich blieb also nur eine Möglichkeit über: Irgendjemand aus der Belegschaft musste den Betrieb beklauen. In einer Nacht-und-Nebel-Aktion machte ich mit Herrn Ravidis eine Inventur. Als wir nachts um drei aus der Kühlkammer kamen, hatten wir einen ersten Verdacht, der sich erhärtete, als wir die Bestellscheine durchgingen. Ravidis nutzte für seine Gerichte qualitativ hochwertiges Fleisch. Keine Bio-Rinder vom Bauern aus der Region, sondern Wagyu-Rinder aus den USA, das Hähnchenfleisch von Mieral aus Frankreich und den Fisch nur aus Wildfang. Vor allem das Rindfleisch war im großen Stil aus der Kühlkammer verschwunden. Im Trubel und Chaos der ersten Monate war der Schwund vollkommen untergegangen und das Fleisch einfach verstärkt nachbestellt worden.

Nun saß ich mit Herrn Ravidis um vier Uhr morgens in seinem Lokal und wir mussten uns einen Plan überlegen, wie wir den Dieb ausfindig machen könnten. Anhand der Bestellscheine sollte Ravidis von nun an zweimal am Tag den Bestand kontrollieren: einmal zum Dienstschluss des Personals hin und einmal, wenn die Köche nach dem Putzen Feierabend machten. Als Küchenchef konnte Herr Ravidis schnell erkennen, dass das Bedienungspersonal an den schwindenden Fleischreserven nicht schuld sein konnte. Er konnte in etwa einschätzen, wie viele Fleischgerichte an einem Tag aus der Küche gingen, und die Kontrollen zeigten, dass keine der Bedienungen etwas hatte mitgehen lassen. Einer der Köche musste sich also hin und wieder in der Kühlkammer bedienen.

Da niemand etwas von Herrn Ravidis' Kontrollen mitbekommen sollte, half ich ihm dabei, den Übeltäter zu finden. Eine Woche lang postierte ich mich immer eine Viertelstunde vor Dienstschluss an der Rückseite des Lokals, ohne dass man mich vom Lokal aus sehen konnte. Wir hatten schnell einen ersten Verdächtigen. Einer der Jungköche verließ immer dann ohne die anderen Köche das Lokal, wenn er eine Sporttasche dabeihatte – sonst verließen sie das Restaurant immer gemeinsam. Als er das Lokal wieder einmal allein mit Tasche verließ, stoppte ich ihn. Er wollte weglaufen, doch Herr Ravidis konnte ihm gerade noch den Weg abschneiden. Er bat ihn, die Tasche durchsuchen zu dürfen – doch der Jungkoch weigerte sich. Wir riefen die Polizei, die unverzüglich kam und bei der Durchsuchung der Tasche zwei prächtige Entrecôtes im Wert von fünfhundert Euro fand. Das waren etwa dreieinhalb Kilo bestes Rindfleisch.

Der Jungkoch wurde fristlos entlassen und machte sich mit einer Dönerbude selbstständig. Keine andere Küche in der Region wollte ihn mehr einstellen. Herrn Ravidis' Restaurant lief endlich rund und verschaffte seinem Eigentümer bald ein ordentliches Plus auf dem Konto, sodass er inzwischen überlegt, eine Filiale zu gründen.

Das Controlling Cockpit kann einem Unternehmer unangenehme Erkenntnisse offenbaren, von denen er vielleicht lieber nicht erfahren hätte. Zu entdecken, dass man einem Angestellten vertraut hat und dieses Vertrauen enttäuscht wurde, ist hart. Schlimmer ist eigentlich nur, wenn man von demjenigen Menschen betrogen wird, der einem einmal versprochen hat, in guten wie in schlechten Zeiten zu einem zu stehen.

Das Spielzeugauto

Einer meiner Mandanten, Anton Weidinger, ist ein richtiges Münchner Original. Er spricht ein feines, gepflegtes Bairisch und steht täglich Punkt neun Uhr in seinem Geschäft. Im Erdgeschoss werden Geschenkartikel verkauft. In der ersten Etage führt seine Frau ein Spielzeuggeschäft. Beide Geschäfte sind auf Artikel spezialisiert, die man so leicht nicht überall bekommt. Glücksbringer aus aller Welt, exklusive Sonderausgaben – genau solche Dinge kann man bei den Weidingers kaufen. Mit diesem Geschäftskonzept konnten sich die beiden trotz der Konkurrenz durch die zahlreichen Kaufhäuser in München oder das Spielwarengeschäft Obletter am Stachus über die Jahre halten.

Bei der monatlichen Buchführung für das Geschäft fiel mir eine Unregelmäßigkeit auf. Der Rohgewinnaufschlagsatz meines Mandanten lag für das Spielwarengeschäft bei 22,3 Prozent – deutlich zu niedrig, um ein Geschäft dieser Art auf Dauer rentabel zu betreiben. Ich verständigte meinen Mandanten, woraufhin wir uns in Schwabing zu einer Besprechung trafen.

»Herr Lechner! Ich habe alles angegeben!« Eine Stunde gingen wir alle Möglichkeiten durch, die zu dem verminderten Rohgewinnaufschlagsatz geführt haben konnten. Mein Mandant hatte alle seine Umsätze in der Buchhaltung aufgeführt, schwarze Umsätze gab es nicht. Etwas ratlos blickten wir in unsere Kaffeetassen. »Gut. Dann hilft alles nichts.« Mein Mandant blickte mich irritiert an. »Wir müssen uns die Bücher schnappen und Posten für Posten durchgehen.« Wir zahlten und fuhren los.

Jeden einzelnen Posten in der Buchhaltung gingen wir durch. Mein Mandant hatte sein Geschäft pünktlich um

20 Uhr geschlossen, nun saßen wir beim Schein einer Schreibtischlampe im ersten Stock, tranken Tee und kauten wirklich jede Zeile der Buchhaltung durch. Nichts. Weidingers Motto lautete »Im Einkauf liegt der Gewinn«, und das setzte er tadellos um. Wir fanden keinen einzigen Posten in der Bilanz, an dem man irgendetwas hätte optimieren können. Ratlos machte ich mich auf den Heimweg. Beim Verabschieden bat mich Herr Weidinger noch um etwas: »Könnten Sie vielleicht meiner Frau von der Geschichte nichts erzählen? Das wär sehr nett! Is' grad a bisserl schwierig.« Etwas müde blickte er an mir vorbei ins Leere. »Was heißt grad? Seit einem Jahr vielleicht ist irgendwie der Wurm drin. Wir arbeiten halt schon auch viel, gell.« Verständnisvoll gab ich ihm mein Wort und fuhr los.

Auf der Autobahn dachte ich über den Fall nach. Uns blieb nur noch die Möglichkeit, eine Inventur zu machen, um Diebstahl auszuschließen. Ansonsten mussten sich die Weidingers eine neue Strategie überlegen, um dauerhaft das Geschäft betreiben zu können.

Ich weiß nicht mehr, was es genau war. Im Nachhinein erkläre ich es mir damit, dass ich während meiner Zeit in einer der größten Wirtschaftsprüfungsgesellschaften für so etwas einfach sensibilisiert worden war. Ich war damals in der Revision als Leiter der Steuerabteilung tätig gewesen und hatte nicht nur einmal so etwas erlebt. Meiner Intuition folgend ging ich alle Möglichkeiten durch, die zu solch einer Situation führen konnten, in der die Weidingers gerade steckten. Auch die folgende Möglichkeit schloss ich nicht aus: Die Ehe der Weidingers schien nicht mehr rund zu laufen. Was, wenn die Frau ihre eigenen Deals durchzog oder den eigenen Betrieb beklaute? Sie war die Einzige – neben ihrem Mann natürlich –, die komplett unbeobachtet ihrer Arbeit nachgehen konnte. Das Geschäft hatte zwar einige wenige Aushilfen. Die sprangen aber nur unregelmäßig an der Kasse ein – wo sie dann unbeobachtet waren. Beim Einräumen der Lagerware und Regale im Ladenlokal waren sie aber nie unbeobachtet.

Der Gedanke begeisterte mich überhaupt nicht und Herrn Weidinger noch weniger. »Es ist zwar echt nicht gut gerade … Aber so weit sind wir dann doch nicht! Das würd' meine Frau doch nie machen.« »Herr Weidinger, wir müssen auch Ihre Aushilfen überprüfen. Um Ihre Frau kommen wir nicht drum rum – und wenn's nur ist, um sicherzugehen. Wir können das nicht unter den Tisch kehren – Ihre Existenz kann auf dem Spiel stehen.« Er musste schlucken – und willigte dann ein. Ich erklärte ihm meinen Plan. Am nächsten Morgen sollte er ganz normal das Geschäft aufschließen, alles andere würde ich dann übernehmen. Ich fragte ihn, ob er etwas im Sortiment hätte, das wirklich nur er anbot. Er nannte mir ein seltenes Spielzeugauto. Danach verabschiedete ich mich und rief vom Auto aus meinen Freund Giancarlo Mastroianni an. Er ist Halb-Sizilianer und legt auf diese feine Differenzierung großen Wert. Seine Mutter war mit ihren Eltern nach dem Krieg nach Deutschland gekommen, und Gianni, wie er von seinen Kumpels genannt wird, ist hier aufgewachsen. Er arbeitet als freier Werbetexter. Gianni ist im Grunde ein ruhiger Typ, kann aber auch den Klischee-Italiener markieren, mit Händen und Füßen reden und jede Menge guter Laune verbreiten, wenn er will.

Am nächsten Morgen öffnete Herr Weidinger sein Geschäft wie immer. Eine Stunde später stürmte Gianni den Geschenkartikelladen und fragte nach »eine Geschenke für meine Nipotino« – seinen kleinen Neffen. Mein Mandant schickte ihn hoch und verwies ihn an seine Frau. Mit der größten Freude spielte Gianni den Klischee-Italiener, flirtete ein bisschen mit Frau Weidinger und fragte dann nach dem seltenen Spielzeugauto, das mir Herr Weidinger genannt hatte. Pflichtschuldig zeigte ihm Frau Weidinger dieses, und Gianni fing an, von seinem kleinen Neffen zu erzählen, dem er das Auto nach Italien mitbringen würde. Als Frau Weidinger an die Kasse ging, fragte Gianni nach Rabatt.

Man muss wissen: Bei Weidingers gab es keinen Rabatt, grundsätzlich nicht. Weidingers Anspruch war es, nur besondere Produkte zu verkaufen, die die Kunden glücklich machen würden. Diese Dienstleistung sollte dann aber auch ihren Preis haben, der nicht verhandelbar war.

Frau Weidinger überlegte kurz und sagte dann: »Bei Barzahlung kann ich Ihnen 15 Prozent entgegenkommen.« Als er mir das später erzählte, staunte ich nicht schlecht. Überglücklich schlug Gianni ein. Ein so tolles Geschenk für seinen Neffen, und das so günstig. Statt für 298 Euro ging das Spielzeugauto nun zum Preis von 254 Euro über den Tisch. Als Giancarlo nach Geschenkpapier fragte, schickte Frau Weidinger ihn ins Erdgeschoss. Ihr Mann würde das Geschenk verpacken. Gianni verabschiedete sich überschwänglich und machte sich mit dem kleinen Auto von dannen. Als er aus dem Geschäft war, rief er mich an und meldete Vollzug. Wir trafen uns, ich gab ihm das Geld für das Auto und rief dann Herrn Weidinger an, um für abends einen Termin auszumachen.

Kurz nach 20 Uhr kam ich in seinem Geschäft an und wir machten Kassensturz. Es wurde schnell klar, dass das Auto nirgendwo gebucht worden war. Herr Weidinger wurde käseweiß im Gesicht. Am selben Abend stellten wir seine Frau zur Rede und fragten, wo die 254 Euro für das Auto geblieben waren. Zwei Stunden später packte sie ihre Koffer, um bei ihrer Mutter zu übernachten.

Ein paar Tage später betrat sie überraschend das Geschäft. Sie sagte meinem Mandanten, dass sie nur noch ein paar Sachen im Geschäft habe, die sie holen wolle. Herr Weidinger ließ sie gewähren. Als sie das Geschäft verließ, warf ihr Noch-Ehemann nur einen flüchtigen Blick auf ihre Tasche. »Du hast doch nicht etwa …?« Wütend stürmte er hinter dem Tresen hervor und riss ihr die Tasche aus der Hand. Als er sie aufmachte, fielen ihm gleich eine ganze Reihe Spielsachen entgegen, deren Wert allein schon bei fünfhundert Euro lag. Was den Wert des restlichen Tascheninhalts betrifft – davon will ich hier gar nicht sprechen. Wie wir später erfuhren, hatte Frau Weidinger auf E-Bay einen gut funktionierenden Online-Shop eingerichtet, über den sie von ihrem Mann gekaufte Ware billiger weiterverkaufte – und das schon seit geraumer Zeit.

Wortlos verließ Frau Weidinger das Geschäft. Als wir uns mit einem ganzen Stapel an Bestellscheinen und einer langen Inventurliste daran machten, den Schaden zu beziffern, tat sich das nächste Unheil auf. Die Umsätze, die Frau Weidinger gemacht hatte, waren in der Gewinn- und Verlustrechnung nirgends aufgeführt worden. Auch war die dadurch entstehende Umsatzsteuer nicht gebucht worden. Mein Mandant hatte sich eigentlich strafbar gemacht, denn all das war Steuerhinterziehung. Zum Glück konnten wir dem Finanzamt die Sachlage beweisen und mein Mandant kam wenigstens hier glimpflich davon. Seine Ehe war trotz allem kaputt.

Das Konzept des Controlling Cockpit ist sinnvoll, um den Überblick über das eigene Unternehmen zu bewahren und das eigene Handeln einordnen zu können. Doch auch das Handeln der anderen Marktakteure will analysiert sein. Dabei kommt es vor, dass Personen, die einem Geschäft eigentlich neutral gegenüberstehen sollten, vor allem ihr Eigeninteresse bedienen, das den Geschäftsabsichten der Hauptparteien zuwiderläuft.

Der dritte Mann am Tisch

Geschäftsprozesse sind ohne neutrale Dritte am Verhandlungstisch teilweise gar nicht mehr denkbar. Das hat verschiedene Gründe. Stammen die Geschäftspartner aus unterschiedlichen Kultur- oder Sprachkreisen, findet man bei Verhandlungen häufig einen Übersetzer, der die unterschiedlichen Anliegen beider Parteien über die Sprachbarriere hinweg in Einklang bringt und zwischen ihnen vermittelt. In anderen Fällen werden Berater hinzugezogen, um externes Fachwissen einzukaufen und Geschäftsprozesse zu optimieren. Viele Geschäftsbereiche sind inzwischen aber auch so unüberschaubar, komplex und unzugänglich geworden, dass Geschäftsabschlüsse ohne einen Dritten mit ausreichender Expertise auf dem Gebiet gar nicht mehr oder nur schwer möglich sind. Hier haben die Mittler die Funktion, mögliche Vertragsabschlüsse vorzubereiten und herbeizuführen. Das gilt unter anderem auch für den Immobilienmarkt.

Makler-Courtage für Fortgeschrittene

Ein guter Vermieter weiß, wer in sein Haus passt und wer nicht, prallen doch oft auf engem Raum Persönlichkeiten und Mentalitäten aufeinander. Ein guter Makler weiß das im Auge zu behalten, wenn er im Interesse des Vermieters handelt.

Lena, die Tochter von Freunden, hatte 2011 ihr Abitur gemacht. Danach war sie ein Jahr lang in Australien, hatte dort gejobbt, Englisch gelernt und eine schöne Zeit verbracht. Als sie 2012 bei mir anrief, erkannte ich ihre Stimme fast nicht wieder. Aus dem kleinen Mädchen war eine selbstbestimmte junge Frau geworden, die wusste, was sie wollte: in Weihenstephan studieren, das zu Freising gehört, wo ich gewohnt habe. Sie fragte mich, ob sie einige Tage mit ihrem Freund vorbeikommen könne, sie würde sich gerne in Freising ein paar Zimmer anschauen.

Nachdem die beiden drei Tage hintereinander durch diverse Absteigen – anders konnte man diese Wohnungen wirklich nicht nennen – geschleust worden waren, hatten sie am vierten Tag Glück. Die beiden waren in einer lichten Dachgeschosswohnung im Zentrum Freisings gelandet, die zudem zu einem akzeptablen Preis gehandelt wurde. Der Makler begrüßte sie freundlich an der Wohnungstür. Im Hintergrund waren Stimmen zu hören. Mit ihnen zusammen war noch ein Ehepaar und deren Sohn da, die ebenfalls die Wohnung besichtigten. Lena schaute sich die Wohnung an und war hin und weg von dem Ausblick, den man vom Balkon aus über die Altstadt hatte. Die beiden klärten mit dem Makler noch einige Details und verabschiedeten sich, nicht ohne dass Lena ihr Interesse bekundet hatte.

Verständlicherweise war Lena wenig begeistert, als ihr Freund ihr sagte, dass sie die Wohnung wahrscheinlich nicht bekommen würde. Wie zur Bestätigung klingelte Lenas Handy. Der Makler sagte ihr ab, der Vermieter hätte sich für ihren Konkurrenten entschieden. Lena muss ihren Freund erstaunt angeblickt haben: Woher er das gewusst habe? Der Makler hatte bei der Begrüßung nur eine schwarze Aktentasche dabeigehabt. Als die beiden sich von ihm verabschiedeten, hatte er neben seiner Aktentasche auch noch eine graue Plastiktüte in der Hand, die vorher die Mutter herumgetragen hatte. In der Tüte zeichnete sich deutlich das Rechteck eines Geldbündels ab. Er hatte es anscheinend in einem von den beiden unbeobachteten Moment in die Hand gedrückt bekommen. Mich hätte ja interessiert, ob er die »gesondert erhobene Vermittlungsgebühr« in seiner Jahressteuererklärung angegeben hat. Auch hätte er für den erhaltenen Betrag Umsatzsteuer abführen müssen. Andernfalls wäre das ein klarer Fall von Steuerhinterziehung gewesen.

Mit allen Tricks

Nicht nur unter Mietern ist der Markt vielerorts hart umkämpft. Zwar ist er meist fest in der Hand einer Reihe von Maklern, doch diese müssen sich je nach Lage des Wohnungsmarktes um die letzten verkäuflichen Wohnungen regelrecht prügeln. Jedes Mittel wird da genutzt, um das eigene wirtschaftliche Überleben zu sichern. Ein gern angewendetes Manöver ist der Pilotentrick.

Lange bevor die Preise auf dem Münchner Immobilienmarkt explodierten, kaufte ich mir dort eine Wohnung. Nichts Großes. Eine geräumige Einzimmerwohnung, deren Miete eine gute Kapitalverzinsung und damit einen soliden Grundstock für meine Altersversorgung bieten würde. Seit ein, zwei Jahren sind solche Wohnungen rar geworden. Die Single-Dichte in München ist hoch und deshalb auch der Bedarf an kleineren Wohnungen. Die Immobilienmakler sind also verzweifelt auf der Suche nach Wohnungen für diese Klientel.

Ein befreundeter Immobilienmakler fragte eines Tages an, ob meine Wohnung zum Verkauf stünde. Er habe eine Kundin, die genau so ein Objekt suche. Nachdem sie eine längere Zeit in Stuttgart gelebt habe, wolle sie in den nächsten Monaten eine

Stelle im Umweltreferat der Stadt München antreten. Da ich gerade eine Familie gegründet hatte und wir auf der Suche nach einer größeren Wohnung waren, willigte ich ein – unter einer Bedingung: Es sollte keinen Besichtigungstourismus geben, die Wohnung sollte also weder im Internet noch in einer Zeitung inseriert werden, sondern an die von ihm erwähnte Kundin gehen. Der Immobilienmakler willigte ein und kam wenige Tage später vorbei, um – wie er sagte – für seine Kundin Fotos zu machen.

Da ich wie schon erwähnt selbst auf der Suche nach einer Wohnung in München für meine Familie war, surfte ich abends auf den einschlägigen Immobilienseiten. Ich klickte mich durch einige Annoncen – und fand plötzlich eine Anzeige für meine eigene Münchner Wohnung. Da war ich auf einen der ältesten Tricks hereingefallen, wie mir ein Bekannter erzählte, der in der Immobilienbranche tätig ist und sich wenig überrascht von der Geschichte zeigte. »Das ist ein klassisches Maklermanöver – der Pilotentrick«, meinte er nur. Potenzielle Verkäufer werden mit einem attraktivem Käufer geködert. Das können Piloten, Maschinenbauingenieure, Projektmanager bei BMW oder Abteilungsleiter bei Siemens sein. Genau an diese soll die Wohnung gehen, die Verkäufer wittern dahinter eine finanzkräftige Klientel, die die Wohnung bezahlen kann, einen sicheren Job hat und einen gewissen Status mitbringt. Leider springen diese dann oft ab – so suggerieren es zumindest die Immobilienmakler. Als Alternative präsentieren sie dann jemanden, der zwar auch einigermaßen zahlungskräftig ist, aber halt einfach »nur« als Informatiker bei der Bayerischen Oberlandbahn tätig ist.

Nicht nur für Mieter, auch für Immobilienmakler stellt der Boom der letzten Jahre eine Herausforderung dar. So greifen sie zu derlei Tricks. Bevor mir der Immobilienmakler einen Kandidaten präsentieren konnte, hatte ich ihn angerufen und unfreundlich und bestimmt an unsere Abmachung erinnert. Fünf Minuten später war die Anzeige aus dem Netz verschwunden. Unsere Freundschaft war aber auch beendet.

Makler und ihre Auftraggeber

Doch nicht nur Schwindeleien gehören zum Instrumentarium mancher Makler. Selbst die Schädigung der eigenen Kunden wird von manchen in Kauf genommen. Einer meiner Mandanten war vor ein paar Jahren an einer Wohnung interessiert. Sein Lebensmittelpunkt hatte sich verschoben und so suchte er eine neue Eigentumswohnung. Er fand bald ein interessantes Angebot und vereinbarte mit dem Makler einen Termin.

Nach der Besichtigung war er sofort angetan: Die Wohnung war geräumig, gut geschnitten, und im Sommer würde er jeden Morgen von den ersten Sonnenstrahlen geweckt werden. Er wäre am liebsten sofort eingezogen, aber da war natürlich noch ein Haken: Für die Wohnung gab es schon 13 andere Kaufinteressenten. Mein Mandant dachte nach. Man muss wissen, dass die Maklercourtagen für Immobilienkäufe im Gegensatz zu denen auf dem Mietmarkt frei verhandelbar sind. Er hatte nicht das Budget, um mit dem Preis höherzugehen, aber er musste ja eigentlich nur den Makler überzeugen, nicht die Eigentümer. Mein Mandant bot also an, eine deutlich höhere Courtage zu zahlen, dafür sollte der Makler auf den Verkäufer einwirken, ihm mit dem Verkaufspreis entgegenzukommen.

Die beiden verabschiedeten sich und mein Mandant machte sich auf den Heimweg. Als er sein Handy aus der Aktentasche zog, sah er, dass der Makler in der letzten Stunde zweimal versucht hatte, ihn zu erreichen. Er rief zurück und bekam einen schmackhaften Deal serviert: Für eine Maklercourtage von fünf Prozent auf den alten Preis und zusätzliche 6000 Euro würde die Wohnung im Wert von zunächst 280 000 Euro für 240 000 Euro an ihn gehen. Mein Mandant hatte gehofft, vielleicht 10 000 Euro zu sparen. Der Makler hatte das noch überboten. Wenige Tage später sollte er den Vogel aber erst recht abschießen. Er teilte meinem Mandanten mit, dass er nochmal mit dem Verkäufer gesprochen habe. Er könne die Wohnung nun für 220 000 Euro haben, dafür müsse er an den Makler aber 10 000 statt der vereinbarten zusätzlichen 6000 Euro bezahlen. Mein Mandant willigte ein, und zwei Wochen später fand der Notartermin statt.

Wir waren alle etwas zu früh gekommen, so saß ich mit meinem Mandanten, dem Verkäufer und dessen Sohn zusammen im Besprechungszimmer des Notars. Als der Makler dazukam, gab es erstmal ein großes Hallo: Sohn und Makler kannten sich. Sie waren offenbar Sandkastenfreunde. Vater und Sohn waren überglücklich, dass der Makler doch noch einen Käufer für die Wohnung gefunden hatte: Wie wir erstaunt aus den Gesprächsfetzen hörten, hatte der Makler Vater und Sohn eiskalt angelogen. Um für meinen Mandanten den Preis ordentlich drücken zu können, hatte er den Verkäufern weisgemacht, dass sich nur *ein* Kaufinteressent für die Wohnung gefunden habe – mein Mandant. Die Wohnung sei ja stark renovierungsbedürftig und nicht sauber – das habe die Interessenten abgeschreckt. Die Verkäufer waren daraufhin mit dem Preis heruntergegangen und damit – ohne es zu wissen – dem Makler auf den Leim gegangen.

Bevor mein Mandant etwas sagen konnte, kam der Notar ins Besprechungszimmer. Während der anschließenden Besprechung offenbarte sich die Tragödie hinter dem Wohnungsverkauf. In einer Gesprächspause – irgendeine Urkunde musste kopiert werden – fragte der Notar nach dem Grund dafür. Er kannte die Wohnung, weil er sie vor Jahren an den Besitzer und dessen Frau verkauft hatte. Die Antwort ließ keinen von uns unberührt: Zwei Jahre, nachdem sie eingezogen waren, war es der Frau immer schlechter gegangen und sie hatte schwere Depressionen bekommen. Einige Jahre hatte sie dann mit der Krankheit gekämpft und sich in einer besonders schlimmen Phase schließlich mit einer Überdosis Schlaftabletten das Leben genommen. Der restliche Notarbesuch verlief in einer beklommenen Stimmung. Nicht nur kam der Kauf aufgrund eines großen Unglücks zustande, er war zudem auch noch deshalb besonders günstig, weil der Makler die befreundete Familie über den Tisch gezogen hatte.

Derartige Methoden sind sicher vermeidbar. Ein raffinierter Makler kann auch ohne derartige List zu guten Geschäften kommen. Er muss dafür schlicht die Gesetze des Marktes kennen.

So geht's richtig!

Noch immer war ich auf der Suche nach einer größeren Eigentumswohnung für meine Familie und mich. Über ein bekanntes Immobilienportal im Internet fand ich eine, die schön geschnitten war. Ich telefonierte kurz mit dem Makler, der mir den Termin zur Wohnungsbesichtigung mitteilte. Dort warteten mit mir bereits zwanzig Leute auf den Makler. Im Laufe der Wohnungsbesichtigung wurde die Wohnung immer voller, bis wir am Ende gut dreißig, vierzig Interessenten waren. Am Tag darauf erhielt ich, wie nicht anders erwartet, eine E-Mail mit einer Absage. Die Eigentümer hätten sich anderweitig entschieden.

Zwei, drei Wochen später war ich immer noch nicht fündig geworden auf meiner Suche. Schließlich stieß ich erneut auf eine Wohnung, die mir gefiel – doch es war eine alte Bekannte. Der Immobilienmakler hatte die Wohnung erneut ins Netz gestellt. Aber nicht zum alten Preis, sondern hunderttausend Euro teurer als vorher. Wieder meldete ich mich zur Wohnungsbesichtigung an – diesmal aus reiner Neugierde: Mich interessierte brennend, mit welchem Trick man hunderttausend Euro mehr aus dieser Wohnung herausholen konnte.

Als ich dort ankam, war ich erstaunt. Das Publikum hatte sich gewandelt. Hatte ich das letzte Mal noch mit Pärchen aus der oberen Mittelschicht auf dem Flur gestanden, sah die Kundschaft jetzt nochmal eine Spur gediegener aus. Auch waren wir deutlich weniger. Nur vier Pärchen warteten mit mir auf den Immobilienmakler. Der führte uns durch die Wohnung, die ich bereits kannte. Nichts hatte sich geändert. Kein Bild hing anders. Der Marmor im Bad war nicht plötzlich hochwertiger geworden. Der Kühlschrank war immer noch von einer No-Name-Firma.

Ich fragte den Makler ein bisschen über die Wohnung aus, und wie es der Zufall wollte, waren wir die Letzten, die die Wohnung verließen. Ich konfrontierte ihn damit, dass ich bereits bei der ersten Wohnungsbesichtigung dabei gewesen war, und fragte ihn nach dem Preisanstieg. Er wand sich ein bisschen, rückte dann aber mit der Sprache heraus. Um eine Wohnung zu verkaufen, braucht man ja letztlich nur einen Käufer – wie viele Leute zur Wohnungsbesichtigung kommen, ist hingegen vollkommen irrelevant, egal, ob es hundert, vierzig oder fünf sind. Die Zahl der Interessenten sagt aber etwas über den Wert der Wohnung aus. Erscheinen vierzig Leute zu einer Besichtigung, weiß der Makler, dass der Preis zu niedrig angesetzt ist. In solchen Fällen sagt er allen Interessenten ab und inseriert die Wohnung wenig später erneut, diesmal aber zu einem deutlich höheren Preis. Meist kommen dann weniger Käufer. Diese sind aber fast immer finanzkräftiger, weshalb er die Wohnung zu einem höheren Preis vermitteln kann. Der Verkäufer freut sich über den höheren Verkaufspreis und der Makler über eine höhere Courtage. Ich sei übrigens der Einzige gewesen, dem dieses Manöver aufgefallen sei, sagte er. Durch den unterschiedlichen Preis würden komplett unterschiedliche Zielgruppen angesprochen. Eine Strategie, die Makler und Verkäufer auf legale Weise glücklich macht und die Preise auf dem Wohnungsmarkt weiter in die Höhe treibt.

Fazit: Wer nicht die Motive aller an einem Geschäftsprozess Beteiligten hinterfragt, kann eventuell eine Bauchlandung erleben. Das kann einem aber auch mit Personen passieren, von denen man nicht glaubt, dass sie ihre eigene Agenda verfolgen könnten – etwa Übersetzer.

Der Übersetzer

2010 sollte ich zur Unterstützung eines Mandanten an einer Verhandlung teilnehmen, die aufgrund ihres Auslandsbezugs steuerlich kompliziert war. Am Tisch saßen mein Mandant, der Übersetzer und zwei Geschäftsleute aus Abu Dhabi. Es ging um einen Traktor.

Mein Mandant kauft gebrauchte Traktoren auf, macht sie wieder fahrtüchtig und verkauft sie dann in alle Welt. Die Verhandlung war bei einem Wert von 220 000 Euro gestartet und nach zähem Ringen und etlichem Hin und Her zwischen dem Übersetzer und den beiden Arabern bei 200 000 Euro gelandet. Nach zwei Stunden entschuldigte sich der Übersetzer für einen Moment und verschwand in Richtung Toilette.

Kurz darauf klingelte das Handy meines Mandanten. Auf dem Display erschien nur »Unbekannte Nummer«. Mit einer Geste bat er unsere beiden Gesprächspartner um Erlaubnis, das Telefonat anzunehmen. Sie bejahten verständnisvoll, und mein Mandant meldete sich mit seinem Namen. Er sagte lange nichts und blickte dabei ziemlich verwirrt drein. Dann überlegte er kurz, sagte schließlich »Okay« und legte auf. Ich sah ihn fragend an. »Erklär ich dir später«, meinte er.

Wenige Minuten später erschien der Übersetzer wieder und die Verhandlung ging weiter. Ich hatte mich schon auf weitere zwei Stunden Herumsitzen eingestellt, als das Geschäft nach zehn Minuten zustande kam. Der Traktor wechselte dann für 200 000 Euro den Besitzer.

Mein Mandant lud mich anschließend zum Essen ein und erklärte mir, was da gerade passiert war: Der Übersetzer hatte ihn von der Toilette aus angerufen. Er hatte meinem Mandanten klargemacht, dass der Traktor höchstens 180 000 Euro wert sei. Die beiden Araber wüssten das zwar, aber aufgrund einer Notsituation seien sie auch bereit, 200 000 Euro zu bezahlen. Wenn der Übersetzer 5000 Euro bekäme, würde er die beiden überzeugen, den Traktor für 200 000 Euro zu kaufen. So war der Deal eine Sache von Minuten.

In Verhandlungen ist es wichtig, stets die Motive des Gegenübers im Auge zu behalten und im Voraus die Fallstricke zu erahnen, über die man stolpern kann. Hinterfragen Sie aber auch die Position desjenigen am Tisch, der sich neutral gibt und der sich vielleicht zu Ihren Ungunsten auf die Seite Ihres Gegenübers geschlagen haben könnte. Von dieser Position kommen meistens die größeren Überraschungen – ohne dass man es richtig mitbekommt. Besonders gefährlich kann es für ein Unternehmen aber werden, wenn man gar nicht weiß, dass ein Dritter mit im Spiel ist.

Der Berater

Während meiner Zeit bei der bereits erwähnten Steuerberatungsgesellschaft betreute ich einen Mandanten, der gerade dabei war, sein Geschäft zu erweitern. Die Großbäckerei wollte ihren Marktanteil vergrößern und deshalb expandieren. Sprich: Zu den Filialen im nahen Umland sollten neue im erweiterten Umkreis hinzukommen. Dafür war natürlich eine Neuausrichtung der Produktion nötig. Um den Schritt nach vorne auch in die richtige Richtung zu machen, engagierte die Firma eine größere, auf mittelständische Unternehmen wie ihres spezialisierte Wirtschaftsberatung. Die Zusammenarbeit verlief hervorragend. Der Berater hatte seine Hausaufgaben gemacht und wusste kompetent die Richtung vorzugeben. Im Zuge der Ausweitung des Geschäfts war natürlich auch eine Vergrößerung der Produktion im Gespräch. Dafür musste eine zusätzliche Halle errichtet werden, da eine Erweiterung der alten Halle nicht mehr möglich war. Die Bäckerei hielt also nach einem passenden Grundstück Ausschau und hatte bald mehrere Interessenten an der Hand. Etwas unsicher, welcher Standort am besten geeignet wäre, zogen sie den externen Berater zu dieser Entscheidung hinzu. Der machte eine ausführliche Analyse und schlug der Bäckerei vor, das teuerste Grundstück zu kaufen. Dieses lag verkehrsgünstig in der Nähe einer großen Bundesstraße und der Autobahn. Dieser Vorteil würde sich auch bei einem Wiederverkauf positiv auf den Preis auswirken. Die Bäckerei nahm also einen um zwanzig Prozent höheren Preis in Kauf und erwarb das Grundstück. Es dauerte zwar seine Zeit, bis die neue Semmelfabrik gebaut werden konnte – der Gemeinderat musste noch den Bebauungsplan ändern –, aber einige Monate später war Richtfest, und ein paar Monate darauf wurde der Betrieb aufgenommen. Leider lief das Geschäft nicht wie geplant. Einige konkurrierende Anbieter von Backwaren verstanden es geschickt, der Bäckerei mögliche Filialen wegzuschnappen, woraufhin die Erweiterungsstrategie bald gescheitert war. Da die Rücklagen bald aufgebraucht waren und die Bäckerei mit den zwei Fabrikationshallen Verluste machte, versuchten die Eigentümer, das Grundstück samt Fabrikationshalle wieder abzustoßen. Eine Spedition zeigte Interesse und es kam zu Verhandlungen. Die Bäckereibetreiber waren natürlich daran interessiert, ihre Kosten wieder hereinzubekommen. Den Preis, den sie sich für die Halle vorstellten, bekamen sie, aber nicht den für das Grundstück. Die Spedition handelte sie um 25 Prozent herunter – mit Verweis auf ähnliche Grundstücke, die günstiger waren. Die Bäckerei berief sich auf das Schreiben des Beraters, doch der Verhandlungsführer der Spedition konnte alle Argumente entkräften – ohne große Vorbereitung: Das offenbar wenig stichhaltige Konzept des Beraters war von der Bäckerei nie wirklich kritisch überprüft worden. Den Betreibern der Bäckerei blieb in ihrer Notlage nichts anderes übrig, als auf den Deal einzugehen. Sie wollten nun natürlich gegen den Berater vorgehen. Bei den in Auftrag gegebenen Recherchen kam heraus, dass der vorherige Verkäufer des Grundstücks ein guter Bekannter des Beraters war. Er hatte das Grundstück erworben und der Bäckerei angeboten. Der Berater hatte dafür gesorgt, dass er mit Sicherheit einen Käufer finden würde.

Während wir Beratern Neutralität unterstellen, erwarten wir von Verkäufern nicht, dass sie unparteiisch sind. Sie wollen uns schließlich etwas verkaufen – doch nicht immer handeln sie dabei im Sinne ihres Auftraggebers.

Der Zigarrenhändler

In München gibt es zahlreiche Anlaufstellen für Zigarrenliebhaber. Die Firma Dallmayr, Nicht-Münchnern vor allem durch ihren »vollendet veredelten Spitzenkaffee« bekannt, hat auch eine Riesenauswahl an Zigarren zu bieten. Gleich in der Nähe, gegenüber dem Residenztheater, befindet sich Zigarren Zechbauer. Darüber hinaus sind viele kleinere Tabakläden über die Stadt verteilt. Die Auswahl für Zigarrenliebhaber in München ist also riesig, möchte man meinen.

Um das Jahr 2000 kam eine Sonderedition der Cohiba heraus. Um sie zu finden, fragte ich mich in München durch alle Tabakläden. Aber die Antwort war immer dieselbe: »Haben wir nicht.« Knapp zehn Jahre erkundigte ich mich in diversen Geschäften – nicht nur in München –, um an ein Exemplar zu kommen. Vergeblich. Da der Geburtstag eines Freundes von mir bevorstand, der ein absoluter Zigarrenliebhaber ist, versuchte ich mein Glück erneut und erkundigte mich nochmal bei meinen Stammgeschäften. Diesmal wurde ich fündig – dank Michael.

Michael war in der DDR aufgewachsen, bis die Mauer fiel. Anfang der neunziger Jahre war er dann nach München gezogen und hatte eine Stelle in einem der führenden Tabakläden gefunden.

Ich erkundigte mich bei ihm nach der Zigarre, und er konnte, wie zu erwarten, leider nicht helfen. Die Zigarre war nicht vorrätig und für Läden wie den seinen schwer bestellbar. Ich könne ihm aber meine Adresse dalassen und er werde sehen, was er für mich tun könne, meinte er. Ich legte ihm also meine Visitenkarte hin und ging.

In den folgenden Tagen sollte ich Michael mindestens dreimal täglich am Telefon haben. Er hatte für sich ein gut funktionierendes Geschäftsmodell entwickelt: Über seinen Bruder, der ebenfalls im Zigarrengeschäft tätig war und regelmäßig nach Kuba flog, war es ihm möglich, an seltene Zigarren zu kommen. Anfragen, die das Sortiment seines Arbeitgebers nicht befriedigen konnte, übernahm er privat. Sein Geschäft schien zu florieren.

Einige Tage nach meinem Besuch im Zigarrengeschäft trafen wir uns in einem Café auf der Maximilianstraße. Michael hatte zwei Rücksäcke mit Humidoren dabei. Als er die kleinen Holzkisten öffnete, staunte ich nicht schlecht. Er hatte wirklich einige feine Raritäten im Angebot.

Wir wurden schnell handelseinig. Ich nahm nicht nur das Geburtstagsgeschenk für meinen Freund mit, sondern gleich noch einige weitere seltene Zigarren. Michael machte von nun an regelmäßig Geschäfte mit mir. Ich wurde Stammkunde seines wohlsortierten Rucksackladens, in dem übrigens alles mit rechten Dingen zuging: Zwei Tage nach jedem Kauf fand ich eine bis auf das i-Tüpfelchen korrekte Rechnung in meinem Briefkasten. Alles war bestens – bis ich einen Zigarrensommelier kennenlernte.

Nicht ganz ohne Stolz zeigte ich ihm meine kleine Sammlung – und musste feststellen, dass ich von Michael ordentlich geleimt worden war. Zigarren werden aus Tabakblättern gerollt. Je gleichmäßiger das geschieht, desto besser entfaltet die Zigarre ihren Geschmack. Sie brennt dadurch auch gleichmäßiger ab. Die von Michael erworbenen Zigarren stammten zwar wirklich aus der entsprechenden Zigarrenfabrik – der Tabak war eindeutig der von Cohiba –, aber die Zigarren selbst waren Ausschussware, Montagsproduktionen, die an verschiedenen Stellen unterschiedlich stark gerollt waren. Cohiba hingegen ist dafür bekannt, dass sie nur perfekte Zigarren in den Verkauf geben.

Ich stellte Michael zur Rede, und unter zehntausend Entschuldigungen nahm er die Zigarren wieder zurück und erstattete mir auch für die bereits gerauchten Zigarren den Kaufpreis. Im Nachhinein weiß ich immer noch nicht, wer hier wen übers Ohr hauen wollte: er mich oder sein Bruder ihn? Vielleicht hatte ich einfach nur eine schlechte Kiste erwischt. Aber Michael war Zigarrenspezialist – wenn er es nicht entdeckte, dass eine Zigarre nichts taugt, wer dann?

Was von dieser Geschichte letztendlich hängenblieb, war eine zumindest für mich erschütternde Erkenntnis. Zwar bin ich es in meiner täglichen Praxis gewohnt, dass Menschen einander übers Ohr hauen wollen, sei es in Streitigkeiten zwischen Familienangehörigen, sei es, wenn jemand versucht, Steuern zu hinterziehen. Dabei kann es um große Summen gehen: fünfstellige, sechsstellige, manchmal auch siebenstellige. Ein Betrug erscheint hier einigen Menschen – im Vergleich zum eingegangenen Risiko – als durchaus lohnenswert.

Michael aber war ein doppeltes und dreifaches Risiko eingegangen: Er hatte Zigarren verkauft, die ihrem Gegenwert in Geld nicht standhielten. Er war damit das Risiko eingegangen, dass er mich als Kunden verlor. Darüber hinaus war er auch das Risiko eingegangen, dass sich die Qualität seiner Ware herumsprach und er sein kleines, einträgliches Nebengeschäft verlor. So viele Zigarrenraucher gibt es dann doch nicht in München, dass sich so etwas lange geheim halten ließe. Das größte Risiko für ihn war dabei aber, dass er seinen Job verlieren konnte und nie wieder in seiner Branche hätte arbeiten können. Unzufriedene Kunden gehen gerne mal petzen. Ich denke nicht, dass sein Arbeitgeber sehr erfreut darüber gewesen wäre zu hören, dass sein Angestellter ihm die Kunden abwarb.

Ein ganz anders gelagerter Fall ist es hingegen, wenn der Käufer den Verkäufer besticht, um von ihm etwas kaufen zu dürfen.

Nachschub dank Bestechung

Um Geldwäsche betreiben zu können, bedarf es eines Wirtschaftsgutes, in das man sein Schwarzgeld investieren kann. Gebrauchtwaren eignen sich dafür natürlich besonders gut, da hier Gewinnspannen und Preise stark variieren können. Einer meiner Mandanten berichtete mir von einem Fall in der Automobilbranche. Ein Fahrzeughersteller verkauft Unfallfahrzeuge auf dem Gebrauchtmarkt. Eine ganz legale Sache, wenn man die Fahrzeuge entsprechend kennzeichnet. Bei der Durchsicht der Unterlagen stellten die internen Prüfer des Fahrzeugherstellers fest, dass ein bedeutender Teil des Fuhrparks an einen polnischen Händler ging. Dieser überführte die Fahrzeuge nach Polen und verkaufte sie dort weiter. Die Prüfer recherchierten die Angebote des polnischen Händlers und stießen auf eine Unstimmigkeit. Der Verkäufer verschwieg den Umstand, dass die PKWs in der Vergangenheit in Unfälle verwickelt gewesen waren, inserierte die Wagen aber trotzdem zum Preis von Unfallfahrzeugen auf seiner Homepage. Um nicht in irgendwelche Geldwäschegeschäfte hineingezogen zu werden, informierten die Prüfer des Fahrzeugherstellers das zuständige Finanzamt und dieses wiederum die Kollegen in Polen. Die kamen nach einer Betriebsprüfung hinter den Trick des in Polen ansässigen Händlers. Er verkaufte die PKWs an seine Kunden zum niedrigeren Preis von Unfallfahrzeugen, den er von diesen auch bezahlt bekam. Die Rechnungen an seine Kunden wiesen hingegen Beträge auf, die unbeschädigten Fahrzeugen entsprachen. Den Differenzbetrag zwischen dem, was er von seinen Kunden tatsächlich erhielt, und dem, was er laut den Rechnungen hätte bekommen müssen, legte der polnische Geschäftsmann aus eigener Tasche in die Kasse. Diese Einkünfte musste er normal versteuern und konnte auf diese Weise Geld waschen, das aus

Quellen stammte, deren Hintergrund eindeutig kriminell war. Um steten Nachschub an Fahrzeugen zu bekommen und die »Geldwaschanlage« am Laufen zu halten, hatte er den Verkaufsleiter des Fahrzeugherstellers bestochen. Dieser informierte ihn immer diskret, welche Höhe die ihm vorliegenden Kaufangebote hatten. Der Autohändler überbot die Angebote dann jeweils um rund zweihundert Euro und kam so an die Autos.

Auch dieses Beispiel zeigt, dass vermeintlich neutrale Mittler oder Vertreter falsch spielen und von Eigeninteressen getrieben sein können, was schon zu so manchen Überraschungen bei den häufig nichts ahnenden Beteiligten geführt hat. Doch selbst auf der heimischen Couch ist man vor Überraschungen nicht immer gefeit. Bei meiner Arbeit als Steuerberater bekomme ich immer wieder Privatangelegenheiten mit, die mein Menschenbild nicht gerade positiv beeinflusst haben.

Frauen, Männer und Familie

Zugegeben: Das im nun folgenden Kapitel gezeichnete Frauenbild ist nicht gerade das beste, aber als Steuerberater ist mein Blick auf die Gesellschaft zwangsläufig selektiv und nicht repräsentativ. Das hat damit zu tun, dass in unserem Beruf materielle Aspekte eine besondere Rolle spielen und wir überproportional mit Problemfällen zu tun haben.

Seit Jahrzehnten kämpfen Feministinnen für die gesellschaftliche Gleichberechtigung der Frau. Über ihre Mittel und Methoden kann man sich trefflich streiten, aber was sie für die Gesellschaft im Allgemeinen und die Frauen im Besonderen geleistet haben, ist enorm. In meiner Steuerberaterpraxis erlebe ich immer wieder Fälle von Frauen, denen offenbar Gleichberechtigung und ein eigenverantwortlich geführtes Leben nicht erstrebenswert scheinen. Es mag klischeehaft klingen, doch die Heirat eines wohlhabenden Mannes als Lebensentwurf und »Karriereziel« ist in manchen Bereichen unserer Gesellschaft noch lange nicht passé.

Eine meiner Mandantinnen führt eine gut gehende ärztliche Privatpraxis in München. Als wir uns vor geraumer Zeit trafen, wirkte sie ziemlich entgeistert. Da wir recht offen miteinander reden, fragte ich nach dem Grund ihres Zustandes, und sie antwortete mir: »Ich bin gerade echt ein bisschen entsetzt über meine Geschlechtsgenossinnen.« Ich blickte sie mehr als nur irritiert an. »Man sagt ja manchmal: ›Neun von zehn Frauen

135

sind berechnend.‹ Ich hab das immer als Macho-Blabla abgetan. Aber es ist vielleicht doch was dran… Gerade in München. Heute hat mich schon wieder eine Patientin gefragt, ob ich nicht irgendeinen gut situierten Kollegen kennen würde, der Single ist. Das war die zweite in dieser Woche, und in den Wochen davor haben mich auch schon fünf gefragt.« Sie schüttelte den Kopf. »Wenn ich statt meiner Praxis eine Partnervermittlung aufmachen würde, könnte ich gut davon leben.« Tatsächlich deckt sich ihre Diagnose auch mit meiner Erfahrung.

Während der Fußball-WM war ich mit meinem Kumpel Hans und seiner Freundin Sylvia beim Public Viewing. Wir haben eine gemeinsame Bekannte, nach der ich mich erkundigte. »Die hat sich von ihrem Mann getrennt«, erzählte Sylvia mir. »Aber die ist echt blöd: Die hat sich jetzt mit richtig teuren Möbeln in ihrer Singlewohnung eingerichtet. Statt dass sie sich einen Typen sucht, der ein komplett eingerichtetes Haus hat. Für den Übergang hätte es auch was von IKEA getan.« Ich dachte, Sylvia ist doch sonst selten ironisch, aber nein: Sie meinte es ganz ernst. Zum Glück kam kurz darauf Hans mit drei Bier vom Ausschank und erlöste mich aus meiner Schockstarre.

Trotz aller Emanzipationsversuche sind die Rollen häufig immer noch klar verteilt: Der Mann geht jeden Morgen aus dem Haus, um das Geld zu verdienen. Die Frau bleibt zuhause und sorgt sich um Haushalt und Kinder. Das hat sich inzwischen zwar ein bisschen geändert, aber von einem wirklichen Gleichgewicht sind wir noch weit entfernt. Auch, weil viele Männer der älteren Generation sich immer noch als Versorger sehen. Zwar geht auch an ihnen die Diskussion um die »Work-Life-Balance« nicht spurlos vorbei, aber um einer Zeit gerecht zu werden, in der der ökonomische Druck auf jeden von uns immer größer wird, arbeiten sie immer härter. Das Geschäft wird ausgebaut, die Taktzahl hochgefahren, man kommt abends immer später nach Hause. Die Spirale dreht sich immer schneller. Viele Männer verlieren dabei gerne mal den Überblick über das, was zuhause passiert – wie Herr Baumgartner.

Der Zahnarzt und seine Frau

Evelyn und Peter Baumgartner sind Zahnärzte. Sie lernten sich während des Studiums kennen und auch lieben. Mit der Zeit hat sich Herr Baumgartner einen hervorragenden Ruf erarbeitet, er ist mit seinen außergewöhnlichen Behandlungsmethoden bis weit über die Grenzen Münchens bekannt. Wenn im Sommer gutbetuchte Herrschaften aus aller Welt nach München kommen, um hier die Sommerfrische zu verbringen, ist in Baumgartners Praxis Hochsaison. Evelyn Baumgartner ist vor einigen Jahren aus der Praxis ausgeschieden, weil sie eine Zeitlang für Ärzte ohne Grenzen in Afrika arbeiten wollte. Herr Baumgartner hatte ihre Patienten damals übernommen und sein Pensum ordentlich hochgeschraubt. Da ihr Mann nach ihrer Rückkehr sechs Tage die Woche beschäftigt war und sie den Kulturschock bei ihrer Reise durch Afrika nie so richtig verwunden hatte, kehrte sie nicht in die Praxis zurück, sondern entdeckte die wohltuende Wirkung von Yoga, Massagen und Spa für sich. Endgültig zur Dame des Hauses wurde sie, als die Maniküre- und Pediküretermine immer häufiger wurden. Da er seiner Frau einen angenehmen Lebensstandard ermöglichen wollte, schraubte Herr Baumgartner sein Pensum nochmals hoch. Sonntags war er immer gern auf dem Starnberger See segeln gewesen, doch an den Sonntagen wurden jetzt die Buchhaltung und die Organisation erledigt. Das Ehepaar begann, sich auseinanderzuleben, und so war es kein Wunder, dass Frau

Baumgartner während eines Italienurlaubs einen hübschen Italiener kennenlernte, mit dem sie eine Affäre begann. Unter diversen gekonnt ausgedachten Vorwänden besuchte sie ihren Lover gelegentlich in Italien, bis ihr das zu dumm wurde.

Ihr Mann hatte bis dato nichts von ihrer Affäre mitbekommen, so dachte er sich auch nichts, als seine Frau auf die Idee kam, man könne doch eine Wohnung in Schwabing kaufen – »fürs Alter, so als Vorsorge«. Seinen Einwand, ob sie denn nicht inzwischen schon genug vorgesorgt hätten, entkräftete sie mit dem Hinweis auf die Inflation, die ja alles aufzehre. Deswegen könne man nie genug vorsorgen. Da der doppelte Abiturjahrgang in Bayern vor dem Abschluss stand und mit der zu erwartenden Studentenschwemme die Immobilienpreise in die Höhe gehen würden, erschien ihm das als eine gute Idee. Herr Baumgartner willigte ein. Ich weiß nicht genau, zu welchem Zeitpunkt in dieser Geschichte er dem Techtelmechtel seiner Frau auf die Spur kam. Ob es an der Tatsache lag, dass sie als Mieter für die neue Wohnung einen hübschen Italiener aus dem Hut zauberte, oder ob er aus anderen Gründen Lunte roch. Auf jeden Fall kam er seiner Frau auf die Schliche. Wütend wollte er sie zur Rede stellen, doch dann hatte er eine besser Idee.

Als die beiden geheiratet hatten, hatten sie keinen Ehevertrag abgeschlossen. Sie hatten damals beide nichts besessen außer einem Haufen IKEA-Möbel aus ihren Studentenbuden. So galt für sie die Zugewinngemeinschaft, und im Falle einer Scheidung hätte Herr Baumgartner die Hälfte seines Vermögens an seine Frau abgeben müssen. Das stand ihr seiner Meinung nach nicht zu.

Herr Baumgartner wurde bei seiner Bank vorstellig. Die Villa in Grünwald, die er gekauft hatte und in der sie beide wohnten, hatte einen Verkehrswert von etwas über 2,5 Millionen Euro. Diesen Betrag nahm er als Hypothek auf und ließ ihn sich auszahlen. Ohne seiner Frau einen Abschiedsbrief zu hinterlassen, verließ er mit dem Geld Deutschland. Da damals Bargeldkontrollen noch nicht so gehäuft durchgeführt wurden wie heute, überquerte er problemlos die Grenze in die Schweiz. Dort richtete er sich ein Nummernkonto ein. Zwei Drittel der Summe legte er in festverzinslichen Wertpapieren an. Vom Rest des Geldes kaufte er sich ein großes, hochseetüchtiges Segelboot. In die Kabine ließ er sich einen Zahnarztstuhl inklusive dem dazu nötigen Zubehör einbauen. Dann legte er ab.

Seine Frau hat seitdem nicht mehr viel von ihm gehört. Seinen Aufenthaltsort herauszufinden war ihr unmöglich. Ihre Existenzängste, die nun anscheinend zum ersten Mal aufkamen, brachten sie dazu, mehrere Privatdetektive zu engagieren. Der beste von ihnen konnte zumindest den Hafen identifizieren, von dem aus der Zahnarzt in See gestochen war. Seine E-Mails rief er nur selten ab. Im Grunde immer dann, wenn er in einem Hafen anlegte. Dort kam ihm sein Know-how als deutscher Zahnarzt zugute. Als Gegenleistung für eine Behandlung erließ man ihm die Liegegebühren, versorgte ihn mit landestypischen Speisen oder lud ihn zum Essen ein. Bei besonders wohlhabenden Kunden konnte er für die Behandlung entsprechend kassieren und so das nötige Kleingeld für seinen Lebensunterhalt verdienen.

Seine Frau sah sich damit konfrontiert, dass die ehemals gemeinsame Arztpraxis kein Geld mehr abwarf. Sie trennte sich von ihrem italienischen Liebhaber und hatte bald zwei ehemalige Kommilitonen aus dem Zahnmedizinstudium als potenzielle Lebensgefährten ins Auge gefasst. Mit einem davon kam sie schließlich zusammen, der dann auch die Praxis übernahm.

Ich muss gestehen, dass mir derlei Situationen während meiner Arbeit häufiger begegnet sind: Frauen, die sich einen reichen Mann angeln und sich von diesem aushalten lassen. Es trifft oft gerade diejenigen Männer, die geschäftlich erfolgreich sind und ein florierendes Unternehmen haben. Meist beginnt es damit, dass diese Männer ihre Herzensdamen regelmäßig zum Essen einladen. Bei »fortgeschrittener« Beziehung gibt es dann die ersten teuren Geschenke – Uhren, Schmuck, Kleidung –, die dann immer noch teurer und kostbarer werden. Auch die Urlaube werden teurer. Wenn die Beziehung noch etwas länger dauert, werden Fitness, Spa und Yoga die Lieblingsbeschäftigungen der Damen – die Herren zahlen. Bei vielen Männern schrillen noch nicht einmal dann die Alarmglocken, wenn nach ein, zwei Jahren Beziehung richtig große Anschaffungen getätigt werden. Häuser, Wohnungen in der Innenstadt, Autos. Natürlich bringen die Partnerinnen eine ganze Reihe guter Gründe dafür an. Um all das zu finanzieren, arbeiten die Männer mehr und mehr und wundern sich dann, dass sie und ihre Freundin sich auseinandergelebt haben und diese eine Affäre hat.

Für manche Frauen ist die Beziehung mit einem besser situierten Mann eine prima Methode, um eigenes Vermögen aufzubauen. Wer aber noch nicht durch ein Ehegelübde gebunden ist, hat die Möglichkeit, vorher herauszufinden, was der Frau an der eigenen Seite wichtiger ist: der Partner oder sein Geld. Einer meiner besten Freunde hat in dieser Situation einmal sehr genau wissen wollen, wo die Prioritäten seiner Freundin liegen, und er hat es auf sehr »rustikale« Weise herausgefunden.

Eine oscarreife Leistung

Es war eigentlich eine Schnapsidee. Wie aus einem schlechten Film. Alexander war früher Chef der Buchhaltung bei BMW und hat dann eine kleine Internetplattform gestartet. Erst so nebenbei. Irgendwann hat er dann gekündigt und mit viel Einsatz und auch ein bisschen Glück hat er die Plattform zu einem irrsinnigen Erfolg gemacht. Vor einem Jahr lernte er dann Susanne kennen und kam mit ihr zusammen. Die Beziehung verlief so, wie ich es vorhin geschildert habe: Erst waren es nur Einladungen zum Essen, dann in die Oper, dann Geschenke, die immer teurer wurden. Alexander liebte Susanne über alles, aber seinen Erfolg verdankte er auch der Tatsache, dass er immer auf seine Intuition gehört hatte. Als ihn bezüglich seiner Freundin Zweifel über die Ernsthaftigkeit ihrer Gefühle beschlichen, legte er sich einen Plan zurecht.

Einige Tage hatte er geübt. So richtig. Mit Videokamera und vor dem Spiegel. Er hatte seine Freundin am Nachmittag angerufen und ihr in dramatischem Ton mitgeteilt, dass sie am Abend reden müssten. Als sie sich dann trafen, zog er seine Show ab.

»Susanne«, begann er. »Ich hab mich beim Hausbau komplett übernommen. Das Haus mit dem Pool – dafür habe ich finanziell nicht die Kragenweite«. Sie blickte ihn entsetzt an: »Du hast dir doch letztes Jahr diese teure Wohnung gekauft.« »Ja«, er rang sichtlich mit sich. »Ich hab damals für die Geschichte meine Zahlen ein bisschen geschönt. Als Buchhalter ist sowas ja ein Kinderspiel. Es hat ja auch gut ausgesehen, doch dann ist mir das Werbegeschäft eingebrochen und der Sponsor abgesprungen.« Er zuckte hilflos mit den Achseln. »Jetzt geht's halt nicht mehr.« Er ließ seine Worte wirken. »Von nun an gibt's keine Luxusfresstempel mehr. Der Haushälterin muss ich auch kündigen. Wir schrubben die Böden ab sofort selber.« Der Gedanke schien ihn wenig zu begeistern. »Den Sportwagen werde ich verkaufen und mir so einen Toyota Aygo kaufen. Aber...«, setzte er nach. »Wir schaffen das. Wir haben ja uns.«

Die nächsten Wochen spielte er das Spiel gekonnt weiter. Wir trafen uns nur noch bei ihm zuhause, und wenn wir essen gingen, wurde getrennt gezahlt. Ich machte mir damals echt Sorgen um ihn. Der Sportwagen wich wirklich einem japanischen Kleinwagen. Beim Tanken zahlte er von nun an nur noch zwanzig Euro. Er ging sogar so weit, sich in der Stadtbücherei stapelweise Bücher zum Thema Privatinsolvenz auszuleihen. Überall im Haus lagen Bücher wie *Pleitegeier – was nun?*, *Angst vor dem Insolvenzverwalter* oder *Plötzlich vor dem Aus*. Der teure Friseur vor Ort war für beide nicht mehr drin, also suchte man den Neun-Euro-Friseur auf, der seine Kunden im Akkord und mit entsprechendem Ergebnis abfertigte. Alexander konnte tagsüber in die Firma gehen, Susanne saß von nun an aber zuhause auf der Couch und tat nichts. Die Treffen mit ihren Freundinnen konnte sie sich nicht mehr leisten. Nach acht Wochen war es dann um die Beziehung geschehen.

Nach einem lauten Streit beendete sie wutentbrannt über »diesen Versager, den ich mir da angelacht habe«, die Beziehung und zog zu ihrer Mutter. Als sie ihn einen Monat später besuchte, um noch einige Sachen zu holen, wunderte sie sich über den Sportwagen in der Einfahrt. Alexander enthüllte ihr, dass er nie pleite und alles nur ein Test gewesen sei. Sie war kurz davor, diesbezüglich einen Streit anzuzetteln, als er sie auf ihr eigenes Verhalten hinwies. Schweigend nahm sie ihre Sachen und fuhr davon. Wer da jetzt eher wen hintergangen hat? Keine Ahnung. Bei dieser Geschichte kommen am Ende beide nicht gut weg.

Es geht auch andersrum

Dana von Richter hatte Volkswirtschaft studiert und war nach dem Studium in einer Unternehmensberatung untergekommen. Nach einigen Jahren Karriere beschloss sie mit dreißig, sich für ein Jahr eine Auszeit zu nehmen. Sie hatte in den Jahren davor überdurchschnittlich viel gearbeitet, recht gut verdient, aber kaum Zeit gehabt, ihr Geld auszugeben. Dazu hatte sie offenbar ein sehr glückliches Händchen für eigene Investments – so war ein siebenstelliger Betrag zusammengekommen. Nun wollte sie ein Jahr lang weg vom Schreibtisch. Kurz darauf lernte sie einen 28-jährigen Prachtkerl kennen, der mit ihr um den Globus jettete. Nach kurzer Zeit aber war das Vermögen verjubelt – nicht nur wegen der Luxusreisen und -hotels. Ihr neuer Freund hatte ihr das Startkapital für die Gründung seines Unternehmens abgeluchst, das aber bald pleite ging. Als sie kein Geld mehr, sondern nur noch einander hatten, beendete er die Beziehung und fand bald eine Neue, die ordentlich Geld besaß.

In diesem Kapitel habe ich bisher das Worst-Case-Szenario geschildert: Die Person, mit der Sie sich die Chips beim Tatort-Schauen teilen, ist hinter Ihrem Geld her. Sollten Sie sich nun sicher fühlen und feststellen, dass Ihnen dieses Szenario nie unterlaufen wird, dann seien Sie gewarnt. Auch andere Menschen aus Ihrem nahen Umfeld könnten hinter Ihrem Geld her sein. Das kommt schließlich nicht so selten vor. Doch es ist meist weniger offenkundig, als wenn das in Beziehungen der Fall ist. Oft zeigt es sich an Kleinigkeiten, beispielsweise dass sich jemand zum Essen einladen lässt, um ein bisschen zu sparen. Manchmal geht es aber auch um größere Beträge, wie die folgende Geschichte zeigt.

Ein Bekannter von mir sammelt Oldtimer. Einer seiner Freunde betreibt eine Werkstatt, in die mein Bekannter seine Autos zur Reparatur brachte, jahrelang. Bis er erfuhr, dass sein Freund ihn hintergangen hatte. Die Reparatur von Oldtimern ist zwar kostspielig, da Ersatzteile rar sind. Der Freund meines Bekannten hatte aber auf jede Reparatur einen ordentlichen Aufpreis draufgeschlagen, nach dem Motto: Der kann sich's ja eh leisten. Neben dem finanziellen Schaden war auch die

Freundschaft zu Ende. Immerhin war es ein Schaden, der einem seiner Hobbys entsprang – wenn man so will, ein Luxusproblem. Betrügerische Freunde oder Verwandte können aber auch geschäftsschädigend sein.

Die nahe Verwandtschaft

Ich habe einige Mandanten, die in der Feinkostbranche tätig sind. Sie sind mir alle aus meiner Zeit bei einer der größten deutschen Wirtschaftsprüfungsgesellschaften geblieben. Einer aus dieser Mandantengruppe gehört zum »Club der Acht«, einer informellen Vereinigung von acht kleinen Feinkostherstellern aus ganz Deutschland. Sie haben den Club gegründet, da der Feinkost-Markt von einigen Branchenriesen dominiert wird. Das Verhältnis der jährlichen Produktionsmengen zwischen den kleinen und großen Herstellern beträgt dabei schon mal 1:10. Ein hartes Umfeld also.

In diesem »Club der Acht« finden sich Produzenten, deren Absatzmärkte stark regional ausgerichtet sind. Da sie über ganz Deutschland verteilt sind, stehen sie in keinerlei Konkurrenz zueinander. So ist es ihnen möglich, sich gegenseitig Einblicke in die Geschäftsprozesse zu geben und das Geschäft so transparent zu gestalten, dass alle Mitglieder daraus Vorteile ziehen. Die acht Chefs treffen sich zweimal im Jahr abwechselnd bei einem Mitglied und legen ihre Buchhaltung offen.

Der Einkauf von Roh- und Betriebsstoffen wird ebenso offengelegt wie die Personalkosten oder die Instandhaltungskosten des Fuhrparks. Beim letzten Treffen, so erzählte es mir mein Mandant, stand das Thema »Externe Dienstleister« auf der Agenda, es ging also um Werbung, Marketing, aber auch die Steuerberaterkosten.

Jeder der Feinkosthersteller machte eine PowerPoint-Präsentation seiner Zahlen und mein Mandant merkte, wie sein Sitznachbar immer ungehaltener wurde. Als dessen Power-Point-Präsentation anstand, sprang er bei dem Punkt »Steuerberaterkosten« auf, dass der Stuhl lautstark krachend zu Boden fiel. »Dieses gottverdammte …« Die Details dieses Ausbruchs möchte ich Ihnen ersparen. Betrugen die Steuerberaterkosten aller anderen neun- bis zwölftausend Euro im Jahr, so waren es bei ihm dreißigtausend. Er ließ seine Buchhaltung und alles, was weiter damit verbunden war, von einem Verwandten erledigen, der ihm einen ordentlichen Verwandtschafts-»Bonus« eingeräumt hatte. Geht man davon aus, dass sich die tatsächlichen Kosten für so eine Leistung normalerweise auf gut zehntausend Euro beliefen, machte der Verwandte jährlich ein zusätzliches Plus von zwanzigtausend Euro. Da er für den Feinkosthersteller seit gut zehn Jahren tätig war, hatte dieser hochgerechnet einen Schaden von gut zweihunderttausend Euro. Ja, Schaden ist das richtige Wort. Mit dieser Summe kann ein Unternehmen viel bewegen.

Mit der Verwandtschaft zusammenzuarbeiten kann – unter entsprechenden Vorzeichen – nach hinten losgehen. Noch schlimmer kann es werden, wenn Familienangehörige eine Firma gründen und dabei scheitern.

Brüder

Carsten Heidböhmer war für mich einmal das, was man einen Sandkastenfreund nennt. Wir waren zusammen im Kindergarten und danach auf denselben Schulen. Mit Carstens Bruder Michael hatte ich wenig zu tun. Er besuchte eine andere Schule und studierte anschließend Philosophie. Das passte gut zu ihm.

Er war ein intelligenter Kerl, der sich aber in großen Visionen und Ideen gern etwas verlor.

Nach dem Ende der Schulzeit verlor ich Michael aus den Augen. Ich begann meine Ausbildung zum Steuergehilfen und ging dann zur Bundeswehr, Carsten fing eine Ausbildung im öffentlichen Dienst an. Mit Carsten traf ich mich noch, so gut es ging. Wir waren oft am Wochenende zusammen unterwegs. Von Michael hörte ich nur hin und wieder etwas. Gesehen hatte ich ihn jahrelang nicht. 2006 sollte sich das ändern. Ich hatte meine Kanzlei einige Jahren zuvor eröffnet und zu meinen Mandanten zählte ich einige ehemalige Mitschüler, inzwischen erfolgreiche Geschäftsleute. So kamen auch Carsten und Michael in meine Kanzlei.

Es gab ein großes Hallo, als ich dahinterkam, wer da einen Termin bei mir ausgemacht hatte. Wir hatten sofort wieder unsere alte, freundschaftliche Ebene. Nach und nach brachten wir uns gegenseitig auf den »aktuellen Stand der Dinge«. Dabei kamen Carsten und Michael auch auf ihr Anliegen zu sprechen: Sie waren auf der Suche nach einem neuen Steuerberater, denn mein Quasi-Vorgänger hatte in ihren Augen keine gute Arbeit geleistet. Der wahre Grund war, dass Michael im Jahr zuvor eine geschäftliche Bruchlandung erlebt hatte. Er war mit seiner Immobilienfirma ins Trudeln geraten, hatte wichtige Fristen versäumt und etliche Forderungen nicht erfüllt. Leider hatte er sich bei der Abwicklung der Firma nicht wirklich intelligent angestellt, weshalb ein Verfahren wegen Insolvenzverschleppung angeordnet, aber glücklicherweise nun eingestellt worden war. Darüber hinaus hatte er einen Offenbarungseid leisten müssen – kurz: Michaels künftiger Lebensweg stand unter keinem allzu guten Stern.

Um Michael wieder die Ausübung seines Berufs zu ermöglichen, waren die beiden Brüder auf folgende Idee gekommen:

Carsten sollte eine Firma auf seinen Namen anmelden und Michael zum Geschäftsführer machen. Kein unerlaubtes Manöver, sondern ein üblicher Trick, wenn man so will. Carsten würde pro forma in das Handelsregister eingetragen werden, Michael würde die Geschicke der Firma in allen Einzelheiten leiten. Ich sollte die Buchführung und die steuerliche Beratung übernehmen.

Die Geschäfte liefen gut an. Befeuert durch die Einführung des achtstufigen Gymnasiums in Bayern stiegen die Mietpreise. Die ohnehin akute Wohnungsnot tat ihr Übriges. Michael Heidböhmer erwirtschaftete stattliche Gewinne. Doch das Verhältnis der beiden Brüder zueinander geriet allmählich in eine Schieflage: Carsten hatte den Aufstieg in den gehobenen Dienst geschafft und sich an die Vorzüge des Beamtendaseins gewöhnt. Als die Geschäfte zu stagnieren anfingen, begann ihm allmählich zu dämmern, dass er im Falle einer erneuten Insolvenz nicht ungeschoren davonkommen würde. Er begann, sich in die Geschäfte seines Bruders einzumischen. Da er keine Erfahrung hatte, wie man eine Firma führen muss, sich aber dennoch einmischte, wurden die Streitgespräche zwischen den beiden bald lauter und heftiger. Erst als die Firma das Geschäftsjahr mit einem satten Plus abschloss, glätteten sich die Wogen – bis die erste Mahnung des Finanzamts wegen einer zu späten Abgabe der Umsatzsteuervoranmeldung in Carstens Briefkasten landete. Wiederholt hatte ich um die Unterlagen für die Umsatzsteuer gebeten, doch Michael hatte es schlichtweg verpennt. Der Betrag war hoch. Erneut kam es zwischen den Brüdern zu Streit. Der geschäftlich unerfahrene Carsten Heidböhmer wusste den Vorfall nicht einzuordnen und sah das Unternehmen bedroht. Doch nach einem kurzen Telefonat mit dem Finanzamt schien alles wieder in Ordnung.

Dann kündigte sich allerdings eine Umsatzsteuersonderprüfung an. Carsten Heidböhmer hatte den Kauf eines Porsche 911, der als Firmenwagen dienen sollte, in der Umsatzsteuer geltend gemacht. Die 13 000 Euro, die er vom Finanzamt haben wollte, machten die Beamten misstrauisch, woraufhin sich der Umsatzsteuersonderprüfer anmeldete. Das kleinste Problem, das dabei herauskam, waren falsch ausgewiesene Rechnungen. Michael Heidböhmer hatte private Bekleidungseinkäufe als Arbeitsschuhe und -kleidung ausgegeben. Auf die Rechnung für Jeans und Wildlederschuhe hatte er »Arbeitskleidung« geschrieben und diese an mich, beziehungsweise meine Steuerfachwirtin, weitergegeben.

Zu Recht kommt hier die Frage auf: »Warum haben Sie das eigentlich so gebucht? Sie hätten Ihrem Mandanten viel Ärger ersparen können!« Als Steuerberater informiere ich meine Mandanten über ihre steuerlichen Möglichkeiten – also welche Art der Arbeitskleidung sie steuerlich geltend machen können und welche nicht. Die Belege für gekaufte Kleidung schicken sie mir beziehungsweise meinen Angestellten. Stehen auf einem Beleg eines bekannten Baumarktes »SecShoes«, dann erschließt sich halbwegs, was gekauft worden ist. Steht auf einer Rechnung eines Schuhgeschäftes in der Innenstadt aber »SiS Cf«, ist gleich viel weniger klar, was einkauft wurde. Und nein – von der Art eines Geschäftes kann man nicht auf die verkauften Güter schließen. Ich hätte beinahe selbst ein Strafverfahren am Hals gehabt, weil ich einen Aktenkoffer – den man von der Steuer absetzen darf – in einem Schuhgeschäft gekauft habe. Der Beamte wollte mir nicht glauben, dass das wirklich ein Aktenkoffer war, unterstellte mir einen getarnten Schuhkauf und eröffnete ein Strafverfahren. Erst ein Schreiben des Schuhhändlers über die Sortimentserweiterung mit den Aktenkoffern beendete das Verfahren. Es ist mir also nicht möglich, bei jedem vorgelegten Beleg die Richtigkeit einzuschätzen – dafür müssten alle Belege recherchiert werden, was die Kapazitäten eines jeden Steuerberaters sprengen würde.

Die Frage, ob diese Bekleidung als Arbeitskleidung hätte abgerechnet werden sollen oder nicht, verblasst allerdings angesichts des eigentlichen Dilemmas, das nun folgte. Michael Heidböhmer hatte mit einem Münchner Unternehmer Scheingeschäfte gemacht. Der Münchner Unternehmer Walter Lutz hatte Heidböhmer Rechnungen für Beratungsleistungen ausgestellt, die gar nicht stattgefunden hatten und für die auch kein Geld geflossen war. Lutz' Unternehmen schrieb rote Zahlen. Die Einnahmen durch Heidböhmer verminderten zwar den Jahresverlust, brachten den Gewinn aber nicht in Regionen, die der Besteuerung unterlagen. Der Vorteil für Heidböhmer liegt auf der Hand: Er konnte zunächst die Vorsteuer beim Finanzamt geltend machen – erhielt also auf diese Weise Geld. Außerdem erhielt er das an Lutz überwiesene Geld nach Abzug einer »Transaktionsgebühr« von diesem wieder zurück. Darüber hinaus wurde der Gewinn von Heidböhmers Firma verringert und damit die Steuerlast reduziert. Michael Heidböhmer hatte also wieder mal ein von ihm geführtes Geschäft in die Bredouille gebracht.

Das Ende vom Lied wurde zweistimmig gesungen. Gegen Carsten und Michael Heidböhmer wurde ein Steuerstrafverfahren eingeleitet. Nur der zum rechten Zeitpunkt »wiedergefundenen« Ehrlichkeit Michaels hatte es Carsten zu verdanken, dass sein Beamtenstatus nicht in Gefahr geriet. Hätte Michael seinen Bruder hineinreiten wollen, wären beide mit einer Vorstrafe bedacht worden und Carsten hätte sich nach einer neuen Stelle umsehen müssen. Gegen Michael Heidböhmer wurde darüber hinaus ein Verfahren wegen Urkundenfälschung eingeleitet. Die falsch deklarierte Arbeitskleidung erfüllte diesen Tatbestand, weshalb die Staatsanwaltschaft ein Ermittlungsverfahren einleitete. Doch das war nur die rechtliche Seite der Geschichte.

Auf persönlicher Ebene hatte sie nicht weniger gravierende Folgen. Carsten kündigte mir die Freundschaft. Das Verhältnis der beiden Brüder zueinander zerbrach ebenso. Wie ich von ihrer Mutter erfuhr, reden die beiden bis heute nicht mehr miteinander.

Dennoch scheint der geschilderte Konflikt noch überschaubar im Vergleich zu der Geschichte, die ich vor fünf Jahren miterlebte – sie belegt noch deutlicher, wie komplex Familiengeschichten werden können.

Eine ganze Familie

Über einen Kollegen wurde ich an Erwin Reitmeyr weiterempfohlen, einen Maßschneider, der sein Geschäft verkaufen wollte. Der Kollege hatte sich mit ihm aus verschiedenen Gründen überworfen, und so war die Weitervermittlung an mich seine letzte Amtshandlung. Ich sollte den Verkauf hinsichtlich seiner steuerlichen Aspekte betreuen – fand mich aber bald eher in der Rolle des Familientherapeuten wieder. Der Geschäftsverkauf sollte nur der Kulminationspunkt einer langen Familienauseinandersetzung sein.

Reitmeyr hatte sein Geschäft über Jahrzehnte hinweg aufgebaut. Er hatte es in den siebziger Jahren eröffnet und sich schnell einen beachtlichen Kundenstamm aufgebaut. Bald konnte er expandieren, es wurde ein großes Lager angemietet, er stellte Mitarbeiter ein, und schon bald lernte der erste Lehrling von Reitmeyr das Schneiderhandwerk. Dieser sollte eine lange Tradition begründen, wonach seine Lehrlinge stets zu den besten fünf ihres Jahrgangs gehörten. Während Herr Reitmeyr hinten in der Schneiderei Stoff schnitt, Innenfutter nähte oder Schnitte vorbereitete, arbeitete seine Frau Maria vorne im Ladenlokal und verkaufte die von ihrem Mann gefertigten Produkte. Als sie Kinder bekamen, zog sie sich zeitweise aus dem Geschäft zurück und kümmerte sich um die Kindererziehung. Die beiden Töchter wuchsen in einem kleinen Dorf außerhalb Münchens auf, wo die Reitmeyrs ein Haus hatten.

Ende der achtziger Jahre begann Reitmeyr sich nach einem Nachfolger umzusehen. Die Töchter waren mittlerweile verheiratet, und so fasste er dafür die beiden Schwiegersöhne ins Auge. Sein Vorschlag lautete folgendermaßen: Er würde sie als Gesellen übernehmen und zudem die Kosten für die Meisterprüfung bezahlen. So könnten sie in zehn bis fünfzehn Jahren das Geschäft übernehmen.

Der Mann der älteren Tochter lehnte ab. Er hatte die Anstellungsprüfung im öffentlichen Dienst als einer der Besten abgeschlossen und sollte eine glänzende Karriere vor sich haben – zu diesem Zeitpunkt ahnte noch niemand, welch gute Entscheidung das war.

Der Mann der jüngeren Tochter ergriff die Gelegenheit beim Schopfe. Er arbeitete zwar seit einigen Jahren als Uhrmacher, doch die Aussicht auf ein eigenes Geschäft erschien ihm attraktiv. So machte er bei Reitmeyr die Ausbildung und hatte einige Jahre später den Meisterbrief in der Tasche. Mit zwei Meistern, die tagein, tagaus Maßbekleidung fertigten, konnte Reitmeyr seinen Umsatz stetig steigern. Sein Schwiegersohn erhielt einen untertariflichen Lohn, was aufgrund der familiären Umstände gerechtfertigt schien.

Einige Jahre später starb Maria Reitmeyr an Krebs. Nun stieg auch die jüngere Tochter in das Geschäft mit ein. Sie hatte in den vorhergehenden Jahren die Kinder großgezogen und wollte nun wieder ins Berufsleben zurückfinden. Sie übernahm die Buchhaltung, half gelegentlich im Laden aus und hielt auch sonst hinter den Kulissen das Geschäft am Laufen. Familie und Betrieb waren nun so eng verflochten wie nie.

Einige Jahre nach dem Tod seiner Frau lernte Erwin Reitmeyr Anita Weiler kennen. Anita Weilers Mann war ebenfalls ein paar Jahren zuvor gestorben. So fanden Reitmeyr und Weiler zusammen und wurden recht schnell ein Paar. Alles schien gut zu laufen – bis Reitmeyr mit seiner Familie brach.

Die Gründe dafür sind mir bis heute nicht klar. Wie ich herauszuhören meinte, schien die neue Frau des Maßschneiders die treibende Kraft dahinter zu sein. Erwin Reitmeyr hatte über die Jahre ein stattliches Vermögen erwirtschaftet. Ihm gehörten nicht nur mehrere Mietshäuser, sondern auch die Häuser der Töchter sowie einige Äcker, die eine ordentliche Pacht abwarfen. Mit dem Schwarzgeld seiner Schweizer Konten hatte er seiner ersten Frau Schmuck, Pelzmäntel und andere »Wertanlageobjekte« geschenkt, und gegenüber seiner zweiten Frau verhielt er sich ebenso großzügig. Reitmeyr war also eine ordentliche Partie. Anscheinend hatte Anita Weiler Reitmeyr gegen seine Töchter und deren Familien aufgehetzt und ihn dazu gebracht, einen Schlussstrich unter seine familiäre Vergangenheit zu ziehen.

Aber auch die ältere Tochter hatte die Beziehung zu ihrem Vater gekappt. Wie ich am Ende des ganzen Verkaufsprozesses erfuhr, hatten Vater und Tochter seit 2003 kein Wort mehr miteinander gewechselt. Nicht so leicht war die Situation hingegen für die jüngere Tochter. Ihr Vater sorgte für ihren Lebensunterhalt und den ihres Mannes.

Die jüngere Tochter und ihr Mann arbeiteten noch weitere acht Jahre für den Maßschneider, beide vollkommen unterbezahlt. Ich vermute, dass Reitmeyr es trefflich verstand, die baldige Geschäftsübergabe stets als nicht allzu ferne Perspektive erscheinen zu lassen. Er hängte dem Schwiegersohn also die sprichwörtliche »Karotte vor die Nase«, knapp außer Reichweite. Aufopfernd arbeitete dieser in den folgenden Jahren für den Betrieb. Als sich das Verhältnis zwischen der jüngeren Tochter und ihrem Vater ebenfalls verschlechterte, beendete sie ihre dortige Tätigkeit und fand glücklicherweise wieder eine Stelle an ihrem alten Arbeitsplatz, während ihr Mann weiter für Reitmeyr arbeitete und sich von diesem – anders kann man es nicht sagen – ausbeuten ließ. Die Karotte vor seiner Nase namens Geschäftsübergabe schien trotz der Umstände immer noch sehr schmackhaft.

Es sollten dann noch zwei Jahre vergehen bis zu dem Moment in der Erzählung, in dem ich ins Spiel kam und wegen des Verkaufs von meinem Kollegen kontaktiert wurde. Reitmeyr plante, in Rente zu gehen, doch das Verhältnis zu seinem Schwiegersohn hatte sich derart verschlechtert, dass eine Übergabe für ihn unter keinen Umständen infrage kam. Dem Schwiegersohn wurde gekündigt, das Geschäft ging an einen jungen Maßschneider, der gerade seinen Meister gemacht hatte.

Ich war in diese Geschichte vollkommen unbedarft hineingestolpert. Gerne hatte ich das Mandat übernommen. Reitmeyr hatte sich auf den ersten Blick als jemand präsentiert, der lang, viel und hart gearbeitet hatte. Als er knapp dreißig war, war sein Vater gestorben und er hatte alle seine Geschwister ausbezahlt, um das Erbe und das Andenken an seinen Vater zusammenzuhalten. Seinen Finanzen hatte das einen ordentlichen Rückschlag verpasst. Dennoch hatte er sich in den Jahren darauf wieder hochgearbeitet, was mir einigen Respekt abnötigte.

Als ich von der Tragik dieser Familiengeschichte erfuhr, wäre das der Zeitpunkt gewesen, aus dem ganzen Deal auszusteigen. Bei so viel emotionalem Ballast landet man als neutraler Dritter schnell zwischen allen Fronten. Da der Geschäftsverkauf aber inzwischen schon sehr weit fortgeschritten war, beschloss ich, die Sache einfach so schnell wie möglich durchzuziehen. Glücklicherweise gelang das auch. Wenn sich Finanzielles und Familie verquicken, kann das unangenehme Folgen haben. Man kann aber auch Vorteile daraus ziehen – zumindest wenn alle Beteiligten vertrauenswürdig sind.

Steuertricks mit Familienangehörigen

Überführt das Finanzamt jemanden der Steuerhinterziehung, kann die Steuerschuld auch durch eine Zwangsvollstreckung eingezogen werden. Dabei wird das Vermögen des Schuldners gepfändet. Ein beliebtes Mittel in solchen Situationen ist es, der Frau oder den Kindern Eigentum zu überschreiben. Der Wert des Eigenheims bleibt für den Steuerschuldner erhalten, das Finanzamt kann seinen Anspruch aber nur noch in das Restvermögen des Schuldners vollstrecken. Der Staat geht dann leer aus und der Steuerhinterzieher kann weiterwirtschaften wie davor. Doch solche Tricksereien können auch schiefgehen.

In meiner entfernten Verwandtschaft konnte das Finanzamt einen von zwei Brüdern der Steuerhinterziehung überführen. Da er nie geheiratet hatte, aber das von den Eltern geerbte Haus behalten wollte, überschrieb er es an seinen Bruder. Das Finanzamt vollstreckte nun seine Forderungen in das Vermögen des Steuerschuldners im Rahmen der gesetzlichen Grenzen und konnte seine Ansprüche dabei mehr schlecht als recht an einigen Festgeldkonten und Aktien befriedigen. Nach einiger Zeit wollte der Bruder das Haus, in dem er wohnte, wieder zurücküberschrieben bekommen. Doch sein Bruder weigerte sich: Sein kleiner Bruder habe das Haus seiner Eltern nie wertgeschätzt. Er werde es nun behalten und sich selbst darum kümmern. Seinem Bruder sei es überlassen, zur Miete zu wohnen.

In diesem Buch bin ich bisher auf die Verfahrensweisen der Steuerfahnder eingegangen, habe die Spezies der Finanzbeamten beleuchtet, Ihnen Einblick in meinen Berufsstand und meine Arbeit gegeben, habe gezeigt, wer an einem Geschäft eventuell noch mitverdienen will und bin auf das Thema »Familie und Finanzen« eingangen. Eine für das Thema wichtige Gruppe fehlt allerdings noch: die der Steuerzahler.

An die eigene Nase gefasst

Zwischen Januar und September eines jeden Jahres zweifle ich am deutschen Prinzip der Steuergerechtigkeit. In dieser Zeit werden von den Steuerberatern die Einkommensteuererklärungen der Mandanten gemacht. Meine Erkenntnis in Kurzfassung: Je mehr Geld ein Mandant verdient, desto mehr Gestaltungsmöglichkeiten hat er, Steuern zu sparen. Und mit »Gestaltungsmöglichkeiten« meine ich die Tatsache, dass man bei geschickter Ausnutzung aller Regeln große Spielräume hat, die Höhe eines Einkommens zu bestimmen. Am deutlichsten lässt sich das anhand von vier Mandanten zeigen, deren Steuererklärung ich Jahr für Jahr erledige.

Jochen Trczinskis Einkommen liegt bei knapp 55 000 Euro. Die absetzbaren Leistungen des Beamten betragen meist zwischen 5500 und 6500 Euro und setzen sich von Jahr zu Jahr unterschiedlich zusammen. Den größten Teil macht die Pendlerpauschale aus. Ansonsten bietet sich mir ein bunter Mix aus Fachliteratur, Handwerkerkosten und Pendlerpauschale. Beträgt das Einkommen 150 000 Euro, sind wir in der Regel bei abzugsfähigen Leistungen von 18 000 Euro. Anna von Messemer, leitende Angestellte in einem DAX-Konzern, verdient ungefähr so viel. Sie hat vor Jahren von ihren Eltern ein Grundstück nahe München geerbt. Da sie letztes Jahr mit dem Bauen begonnen hat, setzen sich ihre abzugsfähigen Leistungen momentan vor allem aus Handwerkerrechnungen zusammen. Manuel Gottlöber wiederum ist Coach und Trainer. Der Vertriebsexperte hält Vorträge vor Unternehmern, bietet Vertriebstrainings an und hat im vergangenen Jahr den Motivationsmarkt für sich entdeckt. Sein Unternehmen erwirtschaftet Millionenumsätze. Sein Einkommen liegt deshalb bei gut 800 000 Euro. Abzugsfähige Leistungen kann er in Höhe von knapp 58 000 Euro geltend machen. Darunter sind natürlich die Pendlerpauschale, aber auch Handwerkerleistungen für die zwei großen Mehrfamilienhäuser, die er besitzt. Heike Cöllns Jahreseinkommen liegt bei 1,6 Millionen Euro. Die Betreiberin einer großen Galerie kann im Schnitt Leistungen im Wert von 130 000 Euro von der Steuer absetzen. Die Pendlerpauschale macht den geringsten Teil davon aus. Stärker zum Tragen kommen auch bei ihr mehrere Immobilien und Eigentumswohnungen in Ballungszentren, die ihr gehören.

Steuergerechtigkeit – von wegen!

Was dabei ins Auge sticht, sind die steigenden Beträge der abzugsfähigen Leistungen. Je höher also der Geldbetrag ist, der einem monatlich auf das Konto überwiesen wird, desto höher sind auch die Möglichkeiten zum Steuerabzug. Gut, mag man jetzt sagen, wer mehr Geld hat, hat meistens auch eine Immobilie als Altersvorsorge, die er vermietet und für die er deshalb zum Beispiel Handwerkerleistungen von der Steuer abziehen kann – wie in den oben genannten Beispielen. Der Vorteil für Vermögende liegt aber ganz woanders. Dadurch, dass sie so viele Ausgaben geltend machen können, rutschen etliche von ihnen in der Progression nach unten und werden mit einem im Verhältnis zu ihrem Einkommen geringeren Satz besteuert – eine Möglichkeit, die weniger Vermögende zwar auch, aber nicht in diesem Umfang nutzen können. Darüber hinaus dienen abzugsfähige Leistungen oft dazu, Kapital für die Altersvorsorge aufzubauen.

Wer nun ein Haus in München oder einer anderen Stadt mit einem außer Rand und Band geratenen Immobilienmarkt besitzt, hat eine Kapitalanlage, deren Wert von Jahr zu Jahr um bis zu zehn Prozent steigt – und dazu kommen ja noch die Mieteinnahmen. Geht man von einem Kaufpreis für eine kleine Wohnung in Höhe von 150 000 Euro aus und erhält man jährlich Mieteinnahmen in Höhe von 6000 Euro, kommt man auf eine Verzinsung von vier Prozent im Jahr – ein Zinssatz, der weit über dem liegt, den man auf dem Kapitalmarkt bekommt. Wer gewieft ist, wohnt innerhalb eines Zeitraums von zehn Jahren zwei Jahre am Stück in der eigenen Immobilie und erspart sich damit bei einem Verkauf zudem eine Steuerzahlung auf den Gewinn durch den Wohnungsverkauf. Die Wertsteigerung lässt sich dann ganz legal steuerfrei einstreichen. Wirkliche Steuergerechtigkeit sieht anders aus. Überall dort, wo sich Menschen ungerecht behandelt fühlen, werden sie versuchen, das Optimum für sich herauszuholen, um es vorsichtig zu formulieren. In Deutschland wird es ihnen aber auch leicht gemacht. So kann sich selbst ein Handtaschenkauf als steuerlich relevant entpuppen.

In Versuchung geführt …

Die Handtasche meiner Freundin war durch ein blödes Missgeschick kaputtgegangen und musste ersetzt werden. Ich wollte eigentlich nicht beim Einkauf dabei sein – Handtaschen kaufen ist nicht so mein Ding … Letztlich überredete sie mich aber, mitzukommen, doch als wir im dritten Geschäft waren, wurde ich langsam ungeduldig. Die Verkäuferin wusste mit Einkaufsanhängseln wie mir kompetent umzugehen – und war damit erfolgreich. Meine Freundin fand eine – ihrer Ansicht nach – tolle Handtasche und wir machten uns ans Zahlen.

»Ich kann Ihnen auch einen Aktenkoffer auf die Rechnung schreiben«, sagte sie. Klar, eine Rechnung über einen Aktenkoffer würde ich als Teil der Betriebs- und Geschäftsausstattung steuerlich geltend machen können. So hätte der Handtaschenkauf auch für mich etwas Gutes gehabt. Solche Angebote von Dienstleistern sind nicht ungewöhnlich, egal, aus welcher Branche sie kommen.

...und nochmal

Mein Mandant war vor einigen Jahren mit einem Freund beim Essen. Beide hatten ihre Freundinnen dabei. Schon während der Vorspeise wurde klar, dass aus dem gemütlichen Essen ein Geschäftsessen werden würde. Die Damen seilten sich irgendwann ab, mein Mandant und sein Kumpel verhandelten die Feinheiten eines Deals. Der Freund meines Mandanten hatte anscheinend von vornherein beabsichtigt, ihm beim gemeinsamen Essen ein Geschäft anzutragen. Noch am selben Abend kam der Handel zustande, woraufhin sie die neue Geschäftsbeziehung mit einer Flasche Wein begossen. Ihre Freundinnen waren in eine nahe gelegene Bar gegangen und die beiden beschlossen, es ihnen gleichzutun. Als die Bedienung die Rechnung brachte, zahlte jeder anteilig und die beiden gingen. Am nächsten Morgen fiel meinem Mandanten ein, dass er vergessen hatte, sich einen Bewirtungsbeleg ausstellen zu lassen. Er fuhr in das Lokal zurück, wo die Bedienung mit der elektronischen Kasse die Bestellung vom Vorabend zwar ausfindig machen, aber nicht mehr teilen konnte. Sie druckte meinem Mandanten einen Bewirtungsbeleg über das gesamte Abendessen aus. Da er nun den Beleg für den gesamten Betrag hatte, beschloss er, diesen auch in der vollen Summe geltend zu machen. Seinen Freund würde er einfach wieder beizeiten einladen – damit wäre der Sache auch in steuerlicher Hinsicht genüge getan. Als er dies bei einem weiteren gemeinsamen Essen kundtat, lachte sein Freund. Auch er war am Tag danach in das Lokal gegangen, auch er hatte nur einen Bewirtungsbeleg über das gesamte Abendessen erhalten. Beide hatten in ihrer Buchhaltung nun denselben Beleg über dasselbe Abendessen verbucht. Das wirklich Befremdliche dabei war, dass auf beiden Belegen »Rechnung« stand, was eigentlich nicht korrekt ist – es kann immer nur *eine* Rechnung geben, alle anderen Dokumente sind als Duplikate zu kennzeichnen. Die Kellnerin aber hatte zwei Originale ausgestellt. Vom Finanzamt wurde das nicht bemerkt.

Wie man sieht, kann es relativ leicht passieren, dass sich in die eigene Buchhaltung ein unzulässiger Beleg schmuggelt. Wozu es letztlich führen kann, wenn man sich dabei zu weiteren krummen Tricks inspirieren lässt, das musste ein Kollege von mir erfahren.

Peu à peu

»Servus, Max! Wie geht's?« Ich schnappte mir den Stuhl und saß, ehe mein Gegenüber antworten konnte. Maximilian Klausnitz – kurz: Max – kannte ich von der Steuerberaterprüfung. Wir hatten zusammen in der mündlichen Prüfung gesessen und ohne einen Tipp, den ich ihm vorher gegeben hatte, hätte er sie wahrscheinlich nicht bestanden. Seit einiger Zeit schon hatte ich ihn nicht mehr gesehen, und so freute ich mich, als ich ihn in München in einem Café sitzen sah. Max dagegen war nicht wirklich in der Lage, sich zu freuen. Ihm war gerade eine große Arztpraxis als Mandant weggebrochen. Zu allem Überfluss hatte man nun auch noch angefangen, wegen Versicherungsbetrug oder einer möglichen Beihilfe gegen ihn zu ermitteln. Was war passiert?

Sein Mandant, Dr. Peter Seewald, ein Allgemeinarzt, der in einer Praxis in Hamburg praktizierte, war seit Jahren gut etabliert und hatte sich in der Region einen Namen gemacht. Nach und nach hatte er es mit den Regeln nicht mehr ganz so genau genommen. Die Masche war so simpel wie effektiv: Meist fing es damit an, dass er Privatpatienten Rabatt anbot – einfach mal, um zu testen, was möglich ist. Zwanzig Prozent Reduktion bot er, wenn sie die ärztliche Leistung bar bezahlten. Die Patienten willigten gerne ein. Gegenüber der Kasse rechneten sie die volle Summe ab. Von tausend Euro gingen achthundert an den Arzt, der den Betrag später nicht in seiner Steuererklärung angab. Die restlichen zweihundert Euro durften die Patienten selbst behalten. Da das System so gut funktionierte und er nicht aufflog, begann Seewald, es zu perfektionieren und auszubauen.

Bald ging er dazu über, Rechnungen auszustellen, die zu hoch waren oder Behandlungen beinhalteten, die eigentlich gar nicht vorgenommen worden waren. Die eine Hälfte der Summe behielten die Patienten ein, die andere Hälfte ging an den Arzt. Im Vergleich zu allen anderen Versicherungen erwies sich übrigens die Deutsche Beamtenkasse als sprudelndste aller Geldquellen. Der Arzt hatte sich auf diese Weise einige Patienten »herangezogen« und machte damit gut zwanzigtausend Euro im Monat, die an der Steuer vorbeigingen. Als ihm das nicht mehr reichte, begann er Behandlungen abzurechnen, die er gar nicht durchgeführt hatte. Was die gefälschten Diagnosen anging, zeigte er eine blühende Fantasie – und die Versicherungen bezahlten. Wieder machte er halbe-halbe mit den Patienten, die in den Deal gerne eingewilligt hatten.

Einige Jahre funktionierte sein System reibungslos, bis die Versicherungen misstrauisch wurden und dahinterkamen. In der Folge wurde ein Ermittlungsverfahren eingeleitet und der Arzt des Versicherungsbetrugs schuldig gesprochen. Doch an das ergaunerte Geld kam keine der Versicherungen mehr. Seewald hatte es in einem Schweizer Immobilienfonds angelegt – der aber pleite gegangen war. Der Schaden bezifferte sich auf über eine Million Euro.

Die Praxis hatte einiges an Umsatz gemacht, auch der Arzt selbst war Mandant bei Max. So schwebte zu dem Zeitpunkt, als wir uns trafen, nicht nur ein Verfahren wegen Beihilfe zum Versicherungsbetrug wie ein Damoklesschwert über Max' Kopf. Zu den horrenden Anwaltskosten, die er momentan bezahlen musste, kam nun auch noch der Verdienstausfall hinzu – schlimmer kann es für einen Steuerberater eigentlich nicht kommen.

Bisher habe ich so viele Fälle von Steuerhinterziehung beschrieben, dass man fast denken könnte: Es lohnt sich. Doch manchmal sollte man nicht nur fragen, *ob* es sich lohnt, sondern vor allem, *für wen* es sich lohnt!

Wer wirklich davon profitiert

Seit ich meine Kanzlei eröffnet habe, ist Alexander Welskow mein Mandant. Als seine Kinder in das Alter kamen, in dem man Familien gründet, beschloss er, »ihr Erbe zu ihren Gunsten auf den Kopf zu hauen« und ihnen zwei Häuser in München und Umgebung zu bauen. Als wir uns nach dem Bau der Häuser zusammensetzten, um seine Vermögensverhältnisse durchzugehen, erzählte er mir brühwarm all die Tricks, mit denen er versucht hatte, die Kosten niedrig zu halten.

Für den Rohbau hatte er mit der Baufirma eine Ratenzahlung vereinbart. Jeweils wenn der Keller, das erste und zweite Stockwerk sowie das Dach fertig waren, sollte er eine vorher festgelegte Zahlung leisten. Die letzte Rate war dann mit Abnahme des Rohbaus durch den Bauherrn fällig. Welskow hatte dann noch weiter gefeilscht, aber die Baufirma hatte keinen Spielraum mehr nach unten gesehen, bis dem Chef eine Idee gekommen war – man könne ja zwei Fliegen mit einer Klappe schlagen. Welskow zahlte drei Viertel der letzten Rate an die Baufirma in bar, dafür würde diese ihm einen Vermerk über die Stornierung der letzten Rate »aufgrund eines aufgetretenen Mangels« geben. Da die letzte Rate auf keinem Bankkonto und folglich nicht in der Buchhaltung auftauchte, kam die Baufirma an unversteuerte Einnahmen und Herr Welskow zu seiner Preisminderung. Welskow hob also einen ordentlichen Betrag von seinem Konto ab und übergab diesen dem Chef der Baufirma. Doch das war nicht der letzte von Welskows Tricks.

Mit jedem der Handwerker hatte er um die Preise gerungen, aber aufgrund des allgemeinen Konkurrenzdrucks war da nicht mehr viel Spielraum gewesen. Eine nahezu klassische Frage, die Handwerker in solchen Situation immer stellen, ist: »Wollen Sie eine Rechnung, oder geht's ohne?« Da Herr Welskow den Hausbau nur teilweise von der Steuer absetzen konnte – nur unter bestimmten Voraussetzungen geht so etwas – und daher keine Rechnung brauchte, gab es im ganzen Landkreis keinen Bau, der mit mehr Schwarzarbeit errichtet worden wäre als diese beiden. Beim gesamten Innenausbau sparte er sich auf diese Weise zumindest die Mehrwertsteuer.

»Sie wissen schon, dass die Handwerker gegenüber Ihnen einen doppelten Vorteil von so einem Handel haben?«, fragte ich ihn, als er mir stolz lächelnd gegenübersaß.

»Wieso? Ich hab mir doch was gespart!«

Ich erklärte es ihm: Der Kunde spart sich 19 Prozent Mehrwertsteuer. Bei einer Rechnung von netto 10000 Euro also 1900 Euro – das heißt knapp 16 Prozent des Brutto-Rechnungsbetrags. Der Handwerker bezahlt im Extremfall einen Steuersatz von 42 Prozent, dazu kommen noch 5,5 Prozent Solidaritätszuschlag, und je nachdem sind noch 8 Prozent von der Einkommensteuer als Kirchensteuer hinzuzurechnen. Man landet dann ungefähr bei 50 Prozent. Ich als Steuerberater betrachte Erträge immer im Bezug zur anfallenden Steuer: Addiert man zu den 10000 Euro die 50 Prozent, die eigentlich durch die Steuer abgezogen werden, kommt man auf einen Betrag von über 20000 Euro. Das wäre der Betrag, den der Handwerker in Rechnung stellen müsste und den er durch eine entsprechende Leistung auch rechtfertigen müsste, um bei legaler Versteuerung nach Steuern am Ende 10000 Euro zu erhalten. Das ist nur eine fiktive Rechnung, sie zeigt aber eines: Ein Handwerker erhält für eine Leistung, für die er einem Kunden keine Rechnung gibt, in der Summe deutlich mehr Geld, als wenn er dafür eine Rechnung ausstellt. Auf diese Weise hatte von dem Deal hauptsächlich der Handwerker etwas – wenn ihn das Finanzamt nicht erwischte. Und eines kommt noch hinzu: Herr Welskow hat für die wenigsten im Haus erbrachten Leistungen eine Rechnung erhalten. Tritt der Gewährleistungsfall ein, hat er keinen Anspruch darauf, dass der Handwerker nachbessert, der ja offiziell auch nie da war. Würde nun eines von Herrn Welskows Häusern aufgrund eines Kurzschlusses in Flammen aufgehen, gäbe es niemanden, den er dafür in Regress nehmen könnte. Wie man an diesem Beispiel sieht, kann es gute Gründe geben, seine Steuern korrekt zu bezahlen. Ich denke, die Versuchungen sind für manche zu vielfältig, als dass sie ihnen widerstehen könnten. Tatsächlich bietet die Steuergesetzgebung ja auch zahlreiche Möglichkeiten, den zu versteuernden Gewinn eines Unternehmens zu gestalten.

Alle Möglichkeiten nutzen

Ein Beispiel: Je nachdem, welcher Abschreibungssatz für ein Anlagegut Anwendung findet, kann man gezielt den Gewinn höher oder niedriger ausfallen lassen und damit auf die Höhe der Besteuerung Einfluss nehmen. Auch durch die richtige Gesellschaftsform lassen sich regelmäßig Steuern im fünfstelligen Bereich einsparen. Je nachdem, ob ein Unternehmen eine OHG oder GmbH ist, werden unterschiedliche Steuersätze auf unterschiedliche Teile des Gewinns beziehungsweise des zu versteuernden Einkommens fällig. Diese ergeben sich aus dem Körperschafts- und dem Gewerbesteuersatz sowie der normalen Progression der Einkommensteuer.

Die ganz besonders findigen unter meinen Mandanten wollen aber gerne einen Schritt weitergehen. Sie denken oft, die Steuerlast ließe sich mit sogenannten verdeckten Gewinnausschüttungen weiter optimieren. Das Problem dabei: Verdeckte Gewinnausschüttungen untersagt das Körperschaftssteuergesetz, und es ist dabei sehr rigide und präzise bei der Definition. Verdeckte Gewinnausschüttungen entstehen immer dann, wenn die Gesellschaft ihrem Gesellschafter eine Leistung gewährt, die deutlich höher ist als die erbrachte Gegenleistung.

Ein konkretes Beispiel ist etwa das Geschäftsführergehalt eines Gesellschafters. So sehr ich meine Mandanten verstehen kann, wenn sie hier alle Register ziehen wollen, um Steuern zu sparen, so sehr muss ich ihnen Einhalt gebieten. Vor einigen Jahren kam ein neuer Mandant zu mir. Wir gingen seine Finanzunterlagen durch und mein Blick blieb bei der Höhe des Gehalts hängen. Ich fragte ihn nach seinem Beruf, da es nicht viele Positionen gibt, in denen man ein sechsstelliges Jahreseinkommen bezieht. Er sagte, dass er der Geschäftsführer seiner eigenen GmbH sei. Sofort schrillten bei mir die Alarmglocken.

Mein Mandant hatte sich ein überdurchschnittlich hohes Gehalt für diesen Posten ausbezahlt und lief damit Gefahr, das eigene Unternehmen mit hohen Steuernachzahlungen zu belasten. Ich setzte mich mit dem zuständigen Finanzbeamten in Verbindung und wir konnten für die vorangegangenen Jahre eine gütliche Einigung erzielen.

Um den Tatbestand einer verdeckten Gewinnausschüttung zu erfüllen, muss die Leistung des Unternehmens aber nicht in Geldform erbracht werden. Ich vertrete einen Bauunternehmer aus der Region, der vor Jahren seine Mietwohnung aufgab und einen Mietvertrag bei seiner Wohn- und Bau-GmbH abschloss. Die Miete stellte einen Bruchteil dessen dar, was sonst auf dem Markt an Mietpreisen verlangt wurde. Auch hier musste nachversteuert werden.

Schwieriger wird es für das Finanzamt, wenn Ressourcen eines Unternehmens wie etwa das Personal genutzt werden. Die Zahl der Sekretärinnen, die ihre Chefs vor herannahenden Hochzeitstagen warnen und sie durch Einkauf von Geschenken vor dem Schlimmsten retten, ist gefühlt unendlich hoch. Aber auch das Buchen des Privaturlaubs oder die Reservierung von Konzertkarten ist eine verdeckte Gewinnausschüttung. Das Finanzamt hat in diesen Fällen kaum eine Chance, einen Hebel zu finden. Wer aber eine Cateringfirma betreibt und sich selbst das Catering zu einem Spottpreis ausrichtet, läuft schon eher Gefahr, ins Visier des Finanzamts zu geraten.

Beispiele sind in nahezu unendlicher Zahl und Form zu finden. Die Möglichkeiten der verdeckten Gewinnausschüttung sind so vielfältig wie die Unternehmen, die es gibt. Ein Kollege hat sich einmal über einen Mandanten aufgeregt: Der Autohändler hatte seinen Zwillingen zum Geburtstag zwei teure BMWs geschenkt. Er hatte die Fahrzeuge sich selbst zu einem Schleuderpreis abgekauft und dann an seine Söhne verschenkt.

Das Finanzamt war bei einer Betriebsprüfung dahintergekommen, worauf mein Kollege die Wogen glätten musste.

Wie ich jetzt anhand einer Reihe von Fällen gezeigt habe, kann Steuerhinterziehung oft nach hinten losgehen. Wenn man wie in der folgenden Geschichte aber Konkurrenten hat, die von steuerlichen Vorteilen profitieren, dann hat man als ehrliche Haut zugegebenermaßen einen schweren Stand.

Wettbewerbsvorteil dank Steuervorteil

Durch Steuerhinterziehung wird natürlich der Wettbewerb verzerrt. Dadurch, dass der Betreiber eines Geschäfts im Grunde weniger arbeiten muss, um seinen Lebensunterhalt zu verdienen, wenn er seine Steuern nicht korrekt bezahlt, kann er tiefere Preise als die Konkurrenz anbieten. Einen ähnlichen Vorteil haben auch Unternehmen, die keine Steuern bezahlen müssen. Eines davon ist die Café-Kette Starbucks. Das *Handelsblatt* berichtete vor gut zwei Jahren, wie sich der Großkonzern durch ein geschicktes Lizenzgebührenmodell und eine hohe Gebühr, die die Tochtergesellschaft hierzulande an die Europazentrale in den Niederlanden zahlen muss, für jeden neu eröffneten Coffee Shop seine Gewinne in Deutschland künstlich – aber ihm Rahmen der legalen Möglichkeiten – kleinrechnet. Das wird einer der Gründe sein, warum sich Starbucks so massiv in deutschen Innenstädten ausgebreitet hat. Der Mandantin eines Kollegen, Frau Fehling, wurde das zum Verhängnis. Sie betrieb ein kleines Café in der Münchner Innenstadt. Kaffee, Kuchen, Tee, Torten, eine kleine Mittagskarte mit Schinkennudeln und Wiener Schnitzel – ein eher klassisches Angebot. Das Geschäft lief gut, bis erst ein Starbucks, dann weitere in der Nähe eröffneten. Die Umsätze von Frau Fehling begannen sofort zu sinken. Im ersten

Jahr konnte sie sich mit Müh und Not gegen die Übermacht aus Bagels und »Pike Place Roast« erwehren. Sie passte ihre Preise nach unten an beziehungsweise erhöhte die Tassengröße und -füllmenge. Aber im zweiten Jahr sah es ziemlich düster aus. Sie hatte zunehmend weniger Kunden, das Publikum aß offenbar lieber Karotten- und Schokotrüffelkuchen bei der Konkurrenz als ihre Linzer Torte. Ein klassisches Manöver von Wirten oder Cafébetreibern in solchen Situationen ist es, die Steuerlast zu »optimieren« – auf gut Deutsch: Steuern zu hinterziehen. Doch nicht diese Mandantin: Sie hatte erst einige Jahre davor eine größere Nachzahlung leisten müssen und dabei festgestellt, dass sie kein Talent zum Steuerhinterziehen besaß. Ich würde jetzt gerne die Geschichte fortspinnen und von einem Triumph erzählen. Doch Frau Fehling musste ihr Geschäft schließen. Das ist umso bedauerlicher, als es vielleicht möglich gewesen wäre, auch regulär am Markt zu bestehen. Nach ihr eröffnete in derselben Lokalität ein anderes Café, das mit dem Kaffee eines regionalen Rösters und leckeren Kuchenspezialitäten dem globalen Einheitsgebräu der Café-Kette anscheinend ordentlich Paroli bieten konnte, denn es existiert noch immer.

Keine Steuern bezahlen zu müssen ist also ein klarer Geschäftsvorteil. Nicht wenige versuchen daher, sich diesen Vorteil illegal zu verschaffen.

Wettbewerbsvorteil dank Steuerhinterziehung

Ein Mandant von mir, ein Gebrauchtwagenhändler, musste einmal fast sein Geschäft schließen, weil er Wettbewerber hatte, die ihn dank unlauterer Methoden unterbieten konnten. Er hatte seinen Gebrauchtwagenhandel vor Jahren aufgemacht. Die Konkurrenz wurde stetig größer, der folgende

Preiskrieg zwang ihn, immer günstiger zu werden, bis für ihn das Ende der Spirale erreicht war. Vielen der Konkurrenten ging es schlechter, zahlreiche mussten schließen. Da er die Konkurrenz im Auge behielt, fand mein Mandant immer wieder Anzeigen von Privatleuten, die im Internet Fahrzeuge verkauften, von denen er wusste, dass sie eigentlich bei einem seiner Konkurrenten auf dem Hof standen. Er setzte sich mit einigen Kumpels zusammen, die als potenzielle Käufer auftreten sollten. Sie meldeten sich jeweils auf eine der Anzeigen. Bald war klar, wie der Trick funktionierte. Der Gebrauchtwagenhändler kaufte Fahrzeuge auf, um sie über einen Mittler, der als privater Verkäufer auftrat, weiterzuverkaufen. Dieser Mittler war in beiden Fällen, in denen seine Kumpels sich das jeweilige Auto ansahen, dieselbe Person – und es ist eher selten, dass ein Privatmann gleich zwei Autos zu verkaufen hat. Damit schlug der Händler zwei Fliegen mit einer Klappe: Erstens bestand damit keine Gewährleistungspflicht. Bei gewerblichen Gebrauchtverkäufen haben die Verkäufer eine gesetzliche Gewährleistungsfrist von einem Jahr zu wahren. Dagegen kann ein Privatmann nach geltendem Recht die Gewährleistung bei einem Gebrauchtverkauf ausschließen. Für eine Provision zeigte der Strohmann des Autohändlers dem Interessenten das Auto, ließ ihn eine Probefahrt machen und kassierte im Falle eines Kaufs »von privat zu privat«. Das Geld ging an den Gebrauchtwagenhändler, in dessen Buchhaltung es aber nicht auftauchte. So kam er an Kapital, das von der Steuer nicht belastet wurde. Auf diese Weise hatte er mehr Ressourcen zur Verfügung als seine Konkurrenten und konnte den Preiskampf aussitzen, da die verbliebenen Konkurrenten brav ihre Steuern zahlten. Damit war es ihm auch möglich, die Preise auf ein Niveau zu drücken, das die Konkurrenz nicht bieten konnte.

Mein Mandant überlegte nun, wie er reagieren könnte. Dann startete er seine Gegenoffensive: Er begann, seine Vorteile gegenüber den privaten Anbietern – die gesetzliche Gewährleistungspflicht – herauszustellen, und konnte so das Blatt wenden. Dabei half ihm wahrscheinlich auch, dass sein Konkurrent einige Schrottautos hatte verkaufen lassen, was das Vertrauen potenzieller Kunden in den lokalen privaten Gebrauchtwagenmarkt erschüttert hatte.

Dass Steuerhinterziehung kriminell ist, wird für Sie nun sicher keine Neuigkeit mehr sein. Doch auch wer Steuern kassiert, kann damit gegen Gesetze verstoßen.

Ménage à trois im steuerlichen Sinne

Als 2001 ein kleiner Computerhandel in Frankfurt eröffnete, wurde dort kurz darauf eine Umsatzsteuersonderprüfung anberaumt. Das kleine Unternehmen kaufte Prozessoren aus Polen und verkaufte sie unter anderem an einen großen Abnehmer in Hamburg. Die Mehrwertsteuer wurde korrekt an das Finanzamt abgeführt – alles schien in Ordnung. Um die Geschäftsbeziehungen des Computerhändlers zu überprüfen, schickte der zuständige Umsatzsteuersonderprüfer eine Kontrollmitteilung an das zuständige Finanzamt in Hamburg.

Eine Kontrollmitteilung wird immer dann verschickt, wenn ein Finanzamt von einem anderen Finanzamt eine Information benötigt, zum Beispiel, ob bestimmte bei einem Akteur in Rechnung gestellte Leistungen in der Steuer des Rechnungsstellers angegeben wurden oder wie es um die finanziellen Verhältnisse einer Person oder eines Unternehmens steht.

Die Antwort des Hamburger Finanzamtes machte ihn hellhörig. Das dortige Unternehmen war – so die offizielle Verlautbarung gegenüber dem Finanzamt – in Zahlungsschwierigkeiten geraten und konnte seinen Umsatzsteuerverpflichtungen nicht mehr nachkommen. Zwar floss vom Finanzamt an das Unternehmen die Erstattung der Vorsteuer, aber den Zahlungsverpflichtungen aus dem Erhalt der Umsatzsteuer konnte es nicht nachkommen. Um wieder liquide zu werden, wurden die eingekauften Prozessoren für fast den doppelten Betrag weiter nach Berlin verkauft. Der Finanzbeamte ließ auch den Berliner Händler überprüfen und rief die Hamburger Kollegen an, kaum dass er das Fax gelesen hatte. Das Berliner Unternehmen hatte seit einigen Monaten keine Umsätze mehr gemacht, die Umsatzsteuer entstehen ließen. Die Berliner Kollegen hatten nur die angefallene Vorsteuer erstattet, aber keinen Cent Umsatzsteuer gesehen. Es galt, schnell zu handeln.

Durch den Einkauf in Polen entstand dem Frankfurter Computerhändler keine Vorsteuer. Vorsteuer ist die Umsatzsteuer, die einem Unternehmer von dessen Lieferanten in Rechnung gestellt wird. Laut einer Verordnung der Europäischen Union ist bei einem sogenannten innergemeinschaftlichen Erwerb keine Umsatzsteuer in Rechnung zu stellen. Das Frankfurter Unternehmen erhielt die Prozessoren also zum Nettopreis. Beim Verkauf der Prozessoren an die Hamburger Firma musste es auf den Verkaufspreis aber die Umsatzsteuer aufschlagen, also dem Kunden in Rechnung stellen und an das Frankfurter Finanzamt abführen. Der Hamburger Unternehmer erhielt nun, wie vom Gesetz vorgesehen, von seinem Finanzamt den Gegenwert der Vorsteuer, die er an das Frankfurter Unternehmen gezahlt hatte. Allerdings führte er die Umsatzsteuer, die ihm wiederum sein Berliner Kunde schuldete, *nicht* an das Finanzamt ab. Das Berliner Unternehmen machte jedoch die ihm bei diesem Geschäftsprozess entstehende Vorsteuer beim Finanzamt geltend.

Nimmt man nun alle Geldflüsse der drei Unternehmen zusammen, stellt sich heraus, dass von den Finanzämtern ein deutlich höherer Betrag an die Unternehmen geflossen war als der, den die Unternehmen an die Finanzämter abgeführt hatten. Als die Beamten weiterrecherchierten, stellten sie bald fest, dass alle drei Firmen denselben Investor hatten, der bereits in der Vergangenheit mehrmals vergleichbare Strukturen geschaffen hatte: Über Deutschland verteilt hatte er immer wieder in Dreier-Gruppierungen von Firmen investiert, die nach einigen Monaten plötzlich vom Markt verschwanden. Jeweils einer der Geschäftsführer dieser Firmen war danach stets nicht mehr auffindbar – zumeist hatten sie sich ins Ausland abgesetzt.

Die Ermittler leiteten ein Verfahren gegen den offenbar ziemlich umtriebigen Geschäftsmann ein und konnten ihn und die von ihm installierten Geschäftsführer des Umsatzsteuerbetrugs überführen. Man muss das fast einen glücklichen Zufall nennen – die Reaktionszeiten der Finanzämter sind üblicherweise sehr lange. In Monats- und Jahreszyklen werden Firmen überprüft oder veranlagt. Mit etwas krimineller Energie lässt sich das ausnutzen. Die Finanzämter werden mit entsprechenden Schreiben hingehalten, die eine baldige höhere Liquidität versprechen, oder es werden gefälschte Rechnungen vorgelegt, die belegen, dass eine Zahlung der Mehrwertsteuerschuld gerade nicht möglich ist – Probleme, die man bei einer Neugründung immer mal haben kann und die den Finanzbeamten nicht unbekannt sind. Da die Firmen jeweils in den Zuständigkeitsbereich unterschiedlicher Finanzämter fallen, hat auch niemand einen zentralen Überblick darüber, wie viel Geld für die Vorsteuer erstattet wurde und wie viel durch die Umsatzsteuer wieder eingenommen wurde. Außerdem werden Unternehmen, die sich in so einer Kette befinden, nicht auf Anhieb miteinander in Verbindung gebracht, betreiben sie doch auch Geschäfte mit anderen Kunden – wenn sie clever agieren –, sodass die Umsatzsteuerbertrügereien dem Finanzamt nicht sofort auffallen. Nach wenigen Monaten gehen all diese Firmen pleite und der Geschäftsführer der mittleren Gesellschaft, die für die Verdoppelung oder vielleicht Verdreifachung der Mehrwertsteuerschuld sorgt, taucht im Ausland unter.

Man kann sich also nicht nur strafbar machen, wenn man Steuern hinterzieht, sondern auch, wenn man diese fälschlicherweise kassiert. Dann fehlt jetzt nur noch ein Punkt: das unrechtmäßige Zahlen von Steuern – auch das kann kriminell sein.

Geldwäsche mit falschen Verkäufen

2004 bekam ich einen neuen Mandanten. Er betrieb einen gut gelegenen Thai-Imbiss in einem Gewerbegebiet nahe der Autobahn. Jeden Monat kam ein Angestellter des Imbisses vorbei und brachte uns die Rechnungen für den Einkauf sowie die Belege über die Verkäufe. Alles sah perfekt aus, alle Kennzahlen stimmten, der Gewinn war hoch – anscheinend machte der Betreiber ein gutes Geschäft. Als ich auf dem Rückweg von einer Betriebsprüfung gerade vorbeikam, hielt ich an dem Imbiss, um für mich und meine Angestellten ein Mittagessen mitzunehmen. Der Laden war leer. Irgendwo hinten saßen zwei Asiaten und spielten Mah-Jongg. Der Koch holte seine Wok-Pfannen von den Haken und begann zu kochen. Etwas unsicher hantierte er in der Küche, schnitt sich einmal fast in den Daumen und hätte beinahe das Fleisch anbrennen lassen.

»Arbeiten Sie noch nicht so lange hier?«, fragte ich ihn.

»Erst angefangen, klappt noch nicht so gut«, lachte er zurück und machte sich weiter daran, Gemüse zu schneiden und Sojasprossen in die Pfanne zu werfen. Als die Gerichte fertig waren, verpackte er sie in entsprechende Alubehälter, steckte sie in eine Tüte und gab sie mir. Ich fuhr zu meiner Kanzlei, teilte die Behälter aus und ging in mein Büro, um Mails zu beantworten. Kurz darauf stand ich wieder im Zimmer meiner Angestellten. »Der Asia-Imbiss im Gewerbegebiet... Läuft der überhaupt?« Das leere Geschäft und der unbeholfene Chefkoch hatten mich stutzig gemacht.

»Ja, der hat halt viele Take-away-Sachen. Merkt man an der Umsatzsteuer«, erwiderte meine Angestellte, die die Buchhaltung für den Imbiss machte. Ich ging wieder zurück in mein Büro und war beruhigt. Monat um Monat buchten wir die Geschäftsvorfälle. Hin und wieder fuhr ich bei dem Imbiss vorbei, um für mich und meine Angestellten etwas zu essen zu holen. Jedes Mal war der Laden ähnlich leer und der Koch gleichermaßen unbeholfen. Aber das Essen schmeckte lecker.

Alles ging seinen normalen Gang, bis plötzlich die Steuerfahndung vor der Tür meiner Kanzlei stand und die Herausgabe der Akten verlangte. Man hatte den Betreiber des Thai-Imbisses der Geldwäsche überführt. Dabei war er sehr raffiniert vorgegangen. Wie jedes andere Geschäft auch hatte er Vorräte gekauft, Personen angestellt und Räume angemietet. Für all das gab es Verträge. Auch gab es regelmäßige Überweisungen, die die Korrektheit der Verträge zu bestätigen schienen. Doch seine Einnahmen hatte er gefälscht. Jeden Tag gab er Bestellungen in das System, entsprechend den von ihm eingekauften Mengen, und gab die entsprechenden Belege an meine Kanzlei weiter. Passend zu den Verkäufen, die es eigentlich nicht gegeben hatte, legte er Geld in die Kasse, die er wiederum brav jeden Abend auf die Bank brachte. Doch das Finanzamt war ihm auf die Schliche gekommen, als der zuständige Betriebsprüfer das Lokal unangekündigt aufgesucht hatte, um sich einen Überblick über den Geschäftsbetrieb zu machen. Ich kann mir lebhaft vorstellen, wie er das Lokal betrat, Chop Suey bestellte und sich dann an einen Platz setzte, von dem aus er den Imbiss gut überblicken konnte, um sich Aufzeichnungen zu machen. Er muss ähnlich verwundert gewesen sein wie ich damals bei meinem ersten Besuch, dass er während seiner einstündigen Mittagspause der einzige Gast war.

Dass der Inhaber angab, einen Großteil seiner Umsätze mit Take-away zu machen, war zwar nicht unklug, da ein eventuell anwesender Prüfer keine Gästezahlen gegen ihn hätte verwenden können. Doch allein die Bestellungen übers Telefon und Internet, die der Inhaber in der Buchhaltung angegeben hatte, hätten dafür sorgen müssen, dass der Koch zur Mittagszeit rotierte. Doch stattdessen war alles ruhig.

Mit seinen falschen Umsätzen wollte der Inhaber des Thai-Imbisses Geld legalisieren, das er mit Waffengeschäften erworben hatte, um es danach in Deutschland investieren zu können. Übrigens werden derartige Imbisse nach einem Jahr an einen Scheinerwerber verkauft. Eine Steuererklärung wird gar nicht abgegeben, während der neue Imbiss unter einem neuen Namen weitergeführt wird. So lässt sich dann nichts mehr zurückverfolgen.

Geldwäsche mit zu hohen Rechnungen

Man muss jedoch gar keine Verkäufe vortäuschen, um Geldwäsche zu betreiben. Ein Umsatzsteuerprüfer, den ich während eines Seminars kennenlernte, plauderte einmal am Mittagstisch aus dem Nähkästchen und berichtete von einem von ihm aufgedeckten Fall. Der Protagonist der Geschichte war ein kleiner Teppichhändler, der sich vor einigen Jahren in einem Berliner

Gewerbegebiet angesiedelt hatte. Die Geschäfte des »Teppichspezialisten«, wie er sich nannte, liefen gut. Er kaufte Teppiche im Nahen Osten ein und verkaufte sie an ausgewählte Kunden im Münchner Umland. Bei der Umsatzsteuersonderprüfung fiel dem Prüfer aber auf, dass immer wieder dieselben Kunden beliefert wurden. Manche von ihnen hatten in den vergangenen Jahren Teppiche im Wert von 15 000 Euro gekauft. Er notierte sich die Namen und schickte eine Kontrollmitteilung an die für die Belieferten zuständigen Finanzämter. Wie sich herausstellte, hatten die wenigsten Teppichbesteller genügend Geld, um sich in so großem Stil mit Teppichen einzudecken. Ein Blick auf die Lieferscheine der Teppiche ergab, dass diese zu einem sehr günstigen Preis eingekauft worden waren. Ein weiterer Blick auf die an die Kunden gestellten Rechnungen zeigte, dass die Teppiche zu deutlich höheren Preisen wieder verkauft worden waren. Der Unterschied zwischen Einkaufs- und Verkaufspreis ließ sich aber nicht betriebsbedingt erklären. Kurz: Der Betrieb des Teppichhandels verursachte viel zu geringe Kosten, als dass der hohe Verkaufspreis gerechtfertigt gewesen wäre. Gemäß der Buchhaltung hätte der Teppichhändler seine Ware auch zu einem deutlich niedrigeren Preis verkaufen und dabei noch profitabel wirtschaften können. Die Qualität der Teppiche war darüber hinaus so schlecht, dass der vom Verkäufer angegebene hohe Verkaufspreis auch deshalb nicht realistisch schien. Gegen den Teppichhändler wurde ein Verfahren eingeleitet und er wurde wegen Geldwäsche angeklagt. In seiner Buchhaltung waren viel höhere Einnahmen notiert, als er tatsächlich gemacht hatte. Diese Differenz hatte er genutzt, um seinem Unternehmen Schwarzgeld aus dem Rauschgifthandel unterzuschieben und damit zu »waschen«. Im Osten Deutschlands ist die Droge Crystal Meth auf dem Vormarsch, – daher stammt das Geld. Er hatte es Bekannten gegeben, die es ihm nach Abzug einer kleinen Aufwandsentschädigung für die Lieferung eines Teppichs zurücküberwiesen. Der Geldwäscher und seine »Kunden« wussten, zu welchem Zweck die Zahlungen eigentlich geleistet wurden, und alle profitierten davon.

So ein Deal funktioniert natürlich nur, wenn sich alle an die (vermeintliche) Absprache halten. Einem Pferdezüchter bei Daglfing nahe München sollte das zum Verhängnis werden.

Wie man es nicht macht

Der besagte Pferdezüchter betrieb nicht nur eine Zucht von Rennpferden, sondern belieferte auch zahlreiche Pferdemetzger in ganz Deutschland. Einer dieser Metzger beschloss, seiner Tochter ein Pferd zu schenken. Der Metzger suchte also seinen Lieferanten auf und teilte ihm seinen Wunsch mit. Da beide schon langjährige Geschäftspartner waren, erzählte der Züchter von seinen Schwarzgeldtricksereien und davon, dass er dringend Geld brauche, um eine neue Reithalle zu bauen. Er bat den Metzger deshalb um einen Gefallen. Er solle ihm doch ein Pferd zu einem Preis abkaufen, der deutlich über dem wirklichen Kaufpreis lag – natürlich war das nur für die Buchhaltung des Züchters relevant, da es ja für den Privatgebrauch gedacht war. Nach der Überweisung würde der Metzger den Unterschiedsbetrag in bar zurückerhalten.

Der Deal lief wie geplant. Die Tochter erhielt eines der schönsten Pferde aus der Herde des Züchters und war einige Monate glücklich – bis sich das Tier bei einem Ausritt einen komplizierten Bruch zuzog und notgeschlachtet werden musste. Der Rossmetzger fackelte nicht lange: Da er teures Geld für das Tier bezahlt hatte, beschloss er, Wurst daraus zu machen. Seiner Tochter, von Weinkrämpfen geschüttelt, versprach der

Metzger, ein neues Pferd zu kaufen. Dafür müsse er aber das notgeschlachtete Tier in seinem Betrieb verwerten, da er sich sonst kein neues leisten könne. So geschah es. Das tote Pferd wurde fachmännisch zerlegt und verkaufte sich prima. Die Summe für den Kauf nahm er daraufhin natürlich in die Buchhaltung seiner Firma auf. Da ihm der hohe Kaufbetrag steuerlich zugutekam, führte er das Pferd in voller Höhe in seiner Gewinn-und-Verlustrechnung auf. Den Betriebsprüfer machte das natürlich stutzig, kaufte der Metzger seine Tiere doch sonst deutlich günstiger ein, und er gab eine Kontrollmitteilung an das für den Züchter zuständige Finanzamt heraus. Die dortigen Finanzbeamten fackelten nicht lange und nahmen eine Betriebsprüfung bei dem Züchter vor. Da Betriebsprüfer von Berufs wegen oft ziemlich schlecht über ihre Klientel denken und eine ähnliche Fantasie wie diese haben, mussten sie auch nicht lange suchen. Sie entdeckten die Schwarzgeldgeschäfte des Züchters, die in die Zehntausende gingen. Der Züchter rächte sich natürlich. Er stellte den Metzger als Mitwisser hin, woraufhin dieser mit einem Verfahren wegen Beihilfe zur Steuerhinterziehung konfrontiert war.

Aber woher kommt eigentlich das ganze Geld, das da gewaschen werden soll? Ein Blick über die Landesgrenze hilft.

Das mit den Schweizer Bankkonten

Eda Neuhäusler ist meine älteste Mandantin. Die 92-Jährige steht immer noch tapfer jeden Tag um 6.30 Uhr auf, um ihre Morgengymnastik zu machen. Frau Neuhäusler hat ein ordentliches Vermögen. Ihr vor knapp zwanzig Jahren verstorbener Mann hatte ein großes Bauunternehmen, mit dem er dank eines ausgeprägten Geschäftssinns und Gespürs für den Markt Millionen gescheffelt hatte. Da der Euro 2008 im Zuge der Finanzkrise etwas schwächelte, wollte sie ihr Geld in Sicherheit wissen. Sie investierte einen Teil davon in Häuser in und um München, den Rest wollte sie in die Schweiz schaffen.

Wenn Sie nun eine spannende Geschichte über Schweizer Nummernkonten, Steuerhinterziehung und in die Schweiz geschmuggeltes Geld erwarten, muss ich Sie enttäuschen. Frau Neuhäusler war meiner Meinung, dass wir das Geld, vielmehr: die damit verbundenen Zinseinkünfte, in ihrer Steuererklärung angeben würden.

Was ich Ihnen aber bieten kann, ist ein kleiner Exkurs zum Thema »Schweizer Nummernkonten«. Dank Prominenter wie Alice Schwarzer und Uli Hoeneß ist dieses Thema in aller Munde. Der Staat kauft CDs mit Kontodaten von anonymen Quellen. Immer wieder werden Menschen beim Geldschmuggel an der deutsch-schweizerischen Grenze erwischt. All das wirft Fragen auf. Aber was dahintersteckt, wissen die wenigsten. Der Grund, warum viele der Steuerhinterzieher ihr Geld in die Schweiz schafften oder es immer noch tun, ist die Schweizer Gesetzgebung. In der Schweiz wird zwischen »Steuerhinterziehung« und »Steuerbetrug« unterschieden. Der Tatbestand des »Steuerbetrugs« umfasst das Einreichen gefälschter oder verfälschter Steuerunterlagen. Er wird strafrechtlich verfolgt und mit einer Geld- oder Freiheitsstrafe geahndet. Als »Steuerhinterziehung« wird dagegen das lückenhafte oder falsche Ausfertigen der Steuererklärung gewertet. Es stellt in der Schweiz – anders als in Deutschland – keine Straftat dar, sondern wird als eine Gesetzesübertretung je nach Schweregrad mit einer Geldstrafe geahndet. Diese Differenzierung hatte bisher Auswirkungen auf den Umgang der Schweizer Behörden mit ausländischen Kontoinhabern. In der Schweiz gilt das

Prinzip der doppelten Strafbarkeit. Es besagt, dass die Schweiz anderen Staaten nur in solchen Fällen Amts- und Rechtshilfe leistet, die auch in der Schweiz unter Strafe stehen. Ausländische Steuerzahler waren damit im Grunde sicher vor dem Zugriff der heimischen Finanzbehörden. Diese Schweizer Besonderheit hatte unter anderem eine Rüge der OECD zur Folge. Auch wollte man die Schweiz auf eine schwarze Liste für Steueroasen setzen – was diese veranlasste, stärker mit anderen Ländern wie den USA, Deutschland oder Frankreich zusammenzuarbeiten. Im Mai wurde publik, dass die Schweiz plant, das Bankgeheimnis abzuschwächen und am automatischen Informationsaustausch der OECD-Länder teilzunehmen. In welcher Form dies konkret realisiert werden könnte, ist momentan noch unklar.

Da das Thema eine gewisse Faszination ausstrahlt, fragen mir meine Mandanten Löcher in den Bauch und glauben mir nicht, wenn meine Antwort auf die Frage:»Könnte ich das auch machen?«, »Ja« lautet. Also. Hier ein zumindest kleiner Einblick in die Thematik.

Ich traf mich mit Frau Neuhäusler wenige Wochen nach unserem Gespräch in Zürich. Über das Internet hatte ich mehrere Banken recherchiert, die für ihr Anliegen in Frage kamen, und hatte daraufhin noch mit einigen Steuerberaterkollegen telefoniert, um mir weiteren Rat zu holen. Nun standen wir vor dem hohen Eingangsportal der Bank.

Wir wurden sofort empfangen. Der Bankangestellte ließ uns Kaffee bringen und fragte dann etliche Details ab. Schweizer Nummernkonten sind längst nicht so anonym, wie man sich das gemeinhin vorstellt. Frau Neuhäuslers »Domiziladresse«, wie es die Schweizer nennen, wurde abgefragt, auch eine Kopie von ihrem Personalausweis wurde gemacht. Es blieb also nicht viel geheim.

Dann kamen wir zur Frage aller Fragen: Wollte Frau Neuhäusler das Konto unter ihrem Namen oder einer Nummer führen? Unsicher sah sie mich an. Doch ob ein Konto unter dem Namen des Kontoinhabers oder unter einer Nummer geführt wird, ist nahezu egal. Frau Neuhäuslers Daten würden so oder so gespeichert sein – allein schon, um ihr das Konto im Zweifelsfall zuordnen zu können. Der Unterschied zwischen dem Nummernkonto und einem unter dem Namen geführten Konto besteht allein darin, dass der Name des Eigentümers nur einem engen Kreis in der Bank bekannt ist. Zur Erklärung: Das Konzept des Nummernkontos war kurz vor dem Zweiten Weltkrieg aufgekommen. Die Umwälzungen im nationalsozialistischen Deutschland hatten dazu geführt, dass viele Bürger um ihr Geld fürchteten und eine sichere und anonyme Anlagemöglichkeit suchten. Die Schweizer Banken erfanden daraufhin das Konzept des Nummernkontos, bei dem die Daten des Kontoinhabers nur dem Führungszirkel der Bank bekannt waren. In der zweiten Hälfte des 20. Jahrhunderts bekamen Nummernkonten dann ihren Ruf als ideales Vehikel für Steuerhinterziehung. Für Frau Neuhäusler machte ein Nummernkonto aber wenig Sinn. Was für sie eher Sinn machte, war, das Geld in Schweizer Franken anzulegen. Schweizer Banken erlauben nämlich Einlagen in Euro, US-Dollar oder eben der Landeswährung. Da Frau Neuhäusler dem Euro nicht traute, entschied sie sich für den Schweizer Franken.

»Ich hätte dann noch gerne eins von diesen Schließfächern«, sagte Frau Neuhäusler, nachdem sie den Vertrag für das Konto unterzeichnet hatte. »Ich hab hier noch den Familienschmuck.« Sie öffnete die Tasche und zog eine Perlenkette heraus. »Aber nur die wertvollsten Sachen.« Listig lächelte sie mich dabei an. Der Bankangestellte schien solch ein Verhalten gewöhnt zu sein, ich war für einen kurzen Moment echt baff. Frau Neuhäusler gehörte zu der Gruppe von älteren Damen, die durch die verzerrte Darstellung in den Medien sogar in der eigenen Nachbarschaft Angst vor Überfällen haben. Dafür fuhr sie jetzt mit dem wertvollsten Teil ihres Familienschmucks in der Tasche im Zug über die Landesgrenze. Sie hatte noch Glück, dass sie nicht kontrolliert wurde. Der Grenzübergang zwischen Deutschland und der Schweiz wird wegen Bargeldschmuggel stark überwacht. Dabei kontrollieren die Beamten nicht nur, ob die Reisenden Geld mitführen, das einen Wert von zehntausend Euro pro Person übersteigt, sondern auch, ob Anteilsscheine oder andere Wertgegenstände, die mehr als zehntausend Euro wert sind, mitgeführt werden. Der Bankangestellte öffnete eine Schublade und zog einen sogenannten »Vertrag über die Miete eines Schrankfaches« heraus. Er übernahm die Daten und ließ Frau Neuhäusler unterzeichnen. Für 105 Schweizer Franken konnte sie nun ihren Familienschmuck im Tresorraum der Bank deponieren. Als wir dort standen und der Angestellte das Schließfach öffnete, begann sich Frau Neuhäusler umzusehen.

»Ich kenne den Raum doch irgendwoher.« Sie überlegte kurz. »Hier wurde ein James-Bond-Film gedreht, stimmt's?«

»Ja, genau, Frau Neuhäusler.« Der Bankangestellte hatte inzwischen eine Schatulle aus dem Fach genommen und sie auf einen Tisch gestellt.

»Den habe ich noch mit meinem Mann gesehen.« Sie blickte etwas abwesend in die Ferne und räumte dann ihren Schmuck in das Behältnis. Als alles seinen Platz gefunden hatte, lud uns der Bankangestellte zum Essen ein. Wie viel die Schweizer Bank an Frau Neuhäusler verdiente, wurde mir klar, als der Kellner die Rechnung brachte. Wir hatten wirklich gut gegessen: Frau Neuhäusler hatte sich an das vegetarische Angebot gehalten, wir Männer hatten uns für die argentinischen Rinderfilets entschieden. Zu dritt hatten wir eine Flasche Wein geleert – ein weißer Merlot, einer der seltensten Weine überhaupt, wie ich später herausfand. Ich hätte die Höhe der Rechnung auf zweihundert bis dreihundert Euro geschätzt, Ambiente und Speisen legten diese Preisklasse nahe. Tatsächlich hatte das Essen knapp sechshundert Euro gekostet. In der Schweiz sind die Lebenshaltungskosten bekanntermaßen sehr hoch, für ein normales Mittagsgericht zahlt man gut und gerne umgerechnet zwischen fünfzehn und zwanzig Euro. Unser Lokal war demgegenüber doch sehr teuer. Als wir das Restaurant verließen, warf ich nochmals einen Blick auf die am Eingang ausgehängten Speisekarten und traute meinen Augen nicht: Ein normaler Mittagstisch mit Getränken kostete umgerechnet sechzig bis siebzig Euro.

Geld auf einem Schweizer Nummernkonto wird von vielen als Notgroschen gesehen. »Für schlechte Zeiten«, oder »falls der Russe kommt«. Das sind die Motive, die die Menschen und ihr Geld in die Schweiz treiben. Man könnte auch sagen: Das sind die Ausreden, mit denen im Nachhinein oft das eigene Handeln begründet wird. Doch so trickreich die Menschen sind, wenn es darum geht, Geld am Fiskus vorbeizuschmuggeln, so trickreich sind sie auch, wenn es darum geht, den Notgroschen wieder ins Spiel zu bringen.

Drei Möglichkeiten, Schwarzgeld aus der Schweiz zu bringen

Die wahrscheinlich beliebteste Methode, in der Schweiz angelegtes Geld wieder nach Deutschland zu bringen, besteht darin, das Geld bar abzuheben und damit über die Grenze zu fahren. Die maximal erlaubte Summe, die man pro Person mitnehmen darf, beträgt zehntausend Euro. Wer also besonders dreist ist, lädt die

Kumpels in den Familienvan und fährt in die Schweiz zum gemeinsamen Geldabheben. Jedem der Mitfahrer wird dann ein Zehntausend-Euro-Stapel in die Hand gedrückt und es geht wieder nach Deutschland. Das ist wichtig, da die sogenannte Sachherrschaft ausschlaggebend ist. Das heißt, im Falle einer Kontrolle kommt es darauf an, wem das Geld dann zugeordnet wird.

Ein anderes beliebtes Mittel der Geldwäsche sind Spielcasinos, denn dort dürfen keine Videoaufzeichnungen gemacht werden. Was dort geschieht, wird also nie nach außen dringen. Finanzbeamte können somit keine Videobänder einsehen, die belegen, dass der Steuerpflichtige, der angibt, 9898 Euro beim Roulette gewonnen zu haben, eigentlich nur ein Tagesticket gekauft hat und sich dann an der Bar zur Feier des Tages ein Salami-Rucola-Sandwich gegönnt hat. Den Finanzbeamten gegenüber wird behauptet, man habe »fünfmal auf Rot gesetzt« – und schon war man um einen fünfstelligen Betrag reicher. Die Finanzbeamten sind gezwungen, dieser Version Glauben zu schenken – können sie eine andere doch nicht beweisen. Auf diese Weise wird das Geld vom Schweizer Konto »gewaschen« und kann nun in den Hausbau oder ein neues Auto gesteckt werden.

Die Königsdisziplin bei der Geldwäsche ist aber der Privatkredit. Das Geld wird wie vorhin beschrieben über die Grenze geschafft. Dann gibt es der Hinterzieher einem nahen Angehörigen, mit dem er einen Darlehensvertrag über die entsprechende Summe abschließt. Das Geld geht also wieder auf den Hinterzieher über. Auf diese Weise schleust man das Geld in den eigenen Geldkreislauf und kann es investieren. Besonders schlaue Steuerhinterzieher nutzen für so etwas Verwandte aus dem Ausland. Deutsche Finanzämter können durch Kontrollmitteilungen schnell Informationen über den Vermögensstand aller am Vertrag Beteiligten einholen, die im Inland wohnen. Tauchen jetzt

Ungereimtheiten auf, beispielsweise, wenn die »ausleihende« Person gar nicht in der Lage wäre, eine so hohe Summe anzusparen und zu verleihen, dann werden unangenehme Fragen gestellt. Ist einer der Beteiligten Ausländer, wird diese Kontrollmöglichkeit des Finanzamts dramatisch erschwert oder unmöglich gemacht.

Doch nicht nur Verwandtschaft, die im Ausland wohnt, kann man auf diese Weise nutzen, um die eigenen Geldmittel steuerlich optimal zu gestalten. Ein Darlehensvertrag mit den Großeltern beispielsweise kann ebenfalls helfen, da Rentner meist weniger geprüft werden. Dass sie verleihbares Vermögen haben, erscheint schlüssig – hatten sie doch ein ganzes Leben Zeit, etwas zu sparen. Auch gibt es Rentner, die gerade heutzutage den Banken nicht mehr vertrauen und das Geld unters Kopfkissen legen. Auf diese Weise sind schon erstaunliche Beträge zusammengekommen. Die Anlageform »Kopfkissen« lässt sich aber auch anders nutzen. Stirbt die Großmutter, behauptet man, einen größeren Geldfund im Hausrat der Verstorbenen gemacht zu haben, während man in Wirklichkeit in der Woche davor mehrmals in der Schweiz war, um Geld abzuheben. Die meisten nehmen dafür das Auto. Ein Schiff tut es aber auch.

Die ultimative Methode

Mit dem Scheitern des deutsch-schweizerischen Steuerabkommens Anfang 2013, aber teilweise auch schon zuvor sahen sich viele deutsche Kunden der Schweizer Banken mit der sogenannten »Weißgeldstrategie« konfrontiert. Die Banken verschicken seit geraumer Zeit ein Schreiben an Kunden aus dem Ausland, deren Konten nicht konform mit der Steuergesetzgebung ihrer Heimatländer sind. Der Brief enthält die üblichen Floskeln im Sinne von »Danke für Ihr Vertrauen« und »Wir setzen unsere Geschäftsbeziehungen mit Ihnen gerne fort« – dann kommt man zum Punkt: Es sei aufgrund einer Neuausrichtung der Geschäftspraxis – die übrigens auch, nebenbei bemerkt, dem Willen der Schweizer Politik entspricht – nicht mehr möglich, das Depot oder Konto des Kunden weiterzuführen. Er möge sein Geld doch bitte binnen vier Wochen abholen, andernfalls müsse die Bank die deutschen Behörden über das Konto informieren.

Einer meiner Mandanten erhielt solch ein Schreiben und kam damit zu mir. Bis vor einigen Jahren habe ich in solchen Momenten eher unwirsch reagiert. Ich halte es für dumm, Auslandskonten nicht in der Steuer anzugeben. Inzwischen habe ich mich aber – so denke ich es mir zumindest – mit der Gier der Menschen abgefunden. Vielleicht habe ich auch schon resigniert. Ruhig erklärte ich ihm, dass in diesem Fall eine Selbstanzeige sinnvoll wäre. Mein Mandant wollte nicht: Das Geld sei hart erarbeitet. Dem Staat noch mehr Geld in den Schlund werfen – wo käme man denn da hin? Eine nahezu klassische Einstellung. Er musste sich also etwas überlegen.

Wenige Wochen später kam er wieder zu mir. Er hatte die zwei Millionen Euro von seinem Schweizer Bankkonto aus der Schweiz nach Deutschland gebracht. Ich blickte ihn erstaunt an und er erzählte mir sein kleines Abenteuer. Seine Bank lag in Zürich. Etliche Kilometer nördlich von dort fuhren regelmäßig mit Schrott beladene Lastkähne Richtung Mainz. Über eine Verbindung in der Bank kam er an einen Kapitän, der ihn für vierzigtausend Euro mitfahren ließ. Die zwei Millionen in bar, die er von der Bank abgeholt hatte, versteckte er im geladenen Kies und schipperte mit ihnen über den Rhein nach Deutschland. Von mir wollte er jetzt wissen, was er mit dem Geld machen könne. Ich wies ihn wieder auf die Möglichkeit der Selbstanzeige hin. So könnte er den Betrag legalisieren und investieren. Wieder verneinte er mit denselben Argumenten, die ich schon erwähnt habe. Da ich schon länger nichts mehr von ihm gehört habe, vermute ich, dass er jetzt zwei Millionen Euro bei sich zuhause unter dem Bett liegen hat.

Wenn ich schon von Kapitalflucht spreche, muss noch ein anderes Land erwähnt werden: Das kleine Fürstentum Liechtenstein.

Ein kleines Fürstentum

Ein beliebtes »Steuersparmodell« sind bekanntermaßen Liechtensteiner Stiftungen. Klaus Zumwinkel ist mit der bekannteste Steuerhinterzieher, der versucht hat, dieses Modell zu seinem Vorteil zu nutzen. Gebracht hat es ihm nicht viel. Zwar sind die Stiftungsnamen wie die erwähnten Konten in der Schweiz durch Nummern oder Geheimwörter anonymisiert, die Bank führt aber genaue Unterlagen darüber, wessen Stiftung sie da verwaltet. Name und Anschrift sind ebenso bekannt wie in vielen Fällen der Beruf. Ich empfehle meinen Mandanten eine Stiftungsgründung nur in den seltensten Fällen. Hauptsächlich dann, wenn sie befürchten müssen, dass durch ihren Tod das Familienvermögen oder Unternehmen auf zu viele Erben verteilt und damit zersplittert würde. Mit der Übertragung des eigenen Vermögens an eine Stiftung verliert der Stifter zwar sein Eigentum an den eingebrachten Vermögenswerten. Als Stiftungsgründer entscheidet er aber über den Umgang mit dem Stiftungsvermögen. Für den Fall seines Todes kann er detaillierte Auszahlungspläne aufstellen, die die Treuhänder umzusetzen haben. Auch Anteilsscheine an einem Unternehmen können an die Stiftung übertragen werden. Dadurch können eine Zersplitterung und das Verschwinden eines Unternehmens vom Markt im Erbfall verhindert werden.

Aber Erben ist sowieso so eine Sache.

Erbschaften, Steuern und Gestaltungsmöglichkeiten

Die Erbschaftssteuer und ihre Sinnhaftigkeit ist in Deutschland stark umstritten. Der Staat beharrt weiterhin darauf, denn sie ist eine nie versiegende Einnahmequelle. Auch kommen Erbschaften einem Einkommen gleich und werden aus Gründen des Steuergerechtigkeit deshalb besteuert. Gegenargumente gibt es natürlich auch: Manche sehen es als ungerecht an, wenn ein bereits einmal versteuertes Vermögen nochmals versteuert wird. Andere behaupten, die Erbschaftssteuer sei ein Nullsummenspiel, da der Verwaltungsaufwand einen Großteil der Erträge wieder auffresse. Doch was bei dieser Diskussion vollkommen außer Acht gelassen wird, ist, dass sich schon bei der Steuererhebung eine ganze Reihe von Problemen ergibt, die dafür sorgen, dass dem Staat viel Geld entgeht.

Während meiner Zeit als angestellter Steuerberater wurde ich mit der Erbschaftsverwaltung eines wichtigen Mandanten betraut. Wie für diese Branche eigentlich üblich, gehörten dem Brauereibesitzer etliche Hektar Wald, die zudem großzügig über den Großraum München verteilt lagen. Ich besorgte mir einen Registerauszug und machte mich auf zur ersten Parzelle. Mein Plan war, mir ein Bild von dem Grundstück zu machen, um es besser schätzen zu können. Als ich mitten im Wald vor den hohen Fichten stand, wurden mir meine Naivität, mein Mangel an forstökonomischen Kenntnissen und der Irrsinn meines Planes bewusst.

Das Problem war und ist: Je nach Art und Zusammensetzung des Waldes lässt sich sein Wert unterschiedlich bewerten. Die Spanne reicht dabei von 0,50 Euro bis 50 Euro pro Quadratmeter. Der Preis wird dabei bestimmt von der Tatsache, ob auf dem Grundstück Misch-, Laub- oder Nadelwald zu finden ist, oder davon, wie hoch die forstwirtschaftlichen Verwertungsmöglichkeiten ausfallen. Eine Fichte von einer Tanne zu unterscheiden ist ziemlich einfach, aber wie und zu welchen Preisen diese weiterverwertet werden können, entzog sich meiner Kenntnis. Ein weiteres Problem: die Lage der Grundstücke. Da man die Grenzen eines Grundstücks im Wald nur mühsam erkennen kann, war ich mehrmals in die falsche Richtung gelaufen. Ich wäre gut und gerne ein bis zwei Monate unterwegs gewesen, um die einzelnen Parzellen aufzusuchen und ihren Bewuchs festzustellen. So viel Verständnis ich für eine korrekte Erhebung der Erbschaftssteuer habe – ich muss auch eine Kanzlei führen, die eine monatelange Abwesenheit nicht erlaubt. Ich las mich in die korrekte Bewertung von Waldgrundstücken ein, sprach mit der Witwe meines Mandanten über die Waldnutzung durch ihren Mann, überlegte mir dann einen Preis von 2,50 Euro pro Quadratmeter und machte diesen zur Grundlage meiner Berechnungen. Die Erbschaftssteuererklärung reichte ich dann beim Finanzamt ein, nicht ohne meine Mandantin darauf hinzuweisen, dass eine deutlich höhere Nachzahlung kommen könnte.

Das Finanzamt akzeptierte, ohne nachzuhaken. Als ich die Witwe einige Jahre später durch Zufall wieder traf, fragte ich sie aus Neugier, was mit den Waldgrundstücken passiert war. Sie hatte ein Gutachten erstellen lassen und nun mit der forstwirtschaftlichen Nutzung begonnen. Das, was sie an Wert bisher aus den Wäldern gezogen hatte, überstieg den Wert, den ich in der Erbschaftssteuererklärung angegeben hatte, bei Weitem.

Wie man sieht, ist das mit den Bewertungsspielräumen so eine Sache.

Als ich den Nachlass eines anderen Mandanten durchging, um die Erbschaftssteuererklärung fertig zu machen, erhielt ich einen Anruf in dieser Angelegenheit. Am Telefon war ein Landwirt, dem eine große Maschinenhalle gehörte, die mein Mandant angemietet hatte.

»Was soll ich mit dem ganzen Klump machen? Das muss raus. Alles!«, sagte er, kaum dass ich den Hörer abgenommen und mich gemeldet hatte.

»Was meinen Sie?«, gab ich etwas überfahren zurück.

»Ja, die Oldtimer. Der hat die ganze Halle mit Autos vollg'stellt«.

Noch am selben Tag stand ich in der Maschinenhalle – und der Kontrast hätte nicht größer sein können. Es war eine typische Maschinenhalle – schnell hochgezogen, aus Betonfertigteilen, jede Linie senk- oder waagerecht. Im rechten Teil der Halle stand landwirtschaftliches Gerät: zwei Traktoren, eine Egge, ein Pflug. Ganz hinten stand ein Mähdrescher vom Maschinenring. Im linken Teil standen Oldtimer. Etwa zwanzig Stück hatte mein Mandant in der Halle untergebracht. In einer anderen Halle sollten später nochmal knapp dreißig Wagen auftauchen.

Mein Mandant hatte also Oldtimer gesammelt. Auf der ganzen Welt hatte er sich umgeschaut und seine Sammlung stetig erweitert. Man konnte einen Ford T der ersten Baureihe ebenso bei ihm finden wie einen Škoda 422. Die Oldtimer waren nirgendwo in den Unterlagen meines Mandanten aufgetaucht. Da die Käufe lange zurücklagen, gab es auch auf dem privaten Konto meines Mandanten keine Hinweise. Erst in Rücksprache mit einem Spezialisten des Deutschen Museums fand ich eine vorteilhafte Besteuerungsgrundlage – aber auch hier hätte das

Finanzamt mit etwas Willen zur Nachforschung mehr für den Staat herausholen können.

Dass bei der Erbschaftssteuer oft zu wenig erhoben wird, liegt zum einen daran, dass Bewertungsmaßstäbe nicht hinterfragt werden, aber auch an der Pauschalierung von Teilen des vererbten Vermögens. Dem Gesetz nach wird Hausrat pauschal mit zwölftausend Euro in der Erbschaftserklärung aufgeführt. Eine beliebte Methode zur Steuervermeidung besteht auch darin, Kunstgegenstände aus dem Bereich der Kunst- und Wunderkammern des Barock oder der Spätrenaissance aufzukaufen. Wie viel genau ein höfisches Vanitas-Renaissance-Kabinett wert ist, wissen nur Insider, aber mit einer fünfstelligen Summe darf gerechnet werden. Im Keller gelagert, mit einer Decke drüber, geht so etwas schnell mal als Bauernschrank vom Großvater durch – für den Laien. Einige Jahre nach dem Erwerb lässt sich diese Art Kunstgegenstand meist noch mit Gewinn wieder verkaufen. Wie durch Zufall entdeckt der Besitzer dann, dass der »Bauernschrank« doch nicht so wertlos ist. Das Gleiche gilt natürlich für Sammlungen jeglicher Art: Münzen, Briefmarken oder Totenschädel aus dem Barock – sie tauchen auf keinem Radar auf.

Der Grund dafür ist so simpel wie steuerfeindlich: Werden Kunstgegenstände versteigert oder an ein Antiquitätengeschäft verkauft, tauchen sie in keiner Buchhaltung auf. Zwar muss der Verkäufer, wenn er Gewerbetreibender ist, den Verkauf ausbuchen, aber gerade wenn der entsprechende Gegenstand bar bezahlt wird, taucht er nirgendwo mehr auf. War bei dem Kauf Schwarzgeld im Spiel, profitiert der Käufer sogar doppelt. Lässt sich auf diese Weise Geld »waschen«, ohne dass das Finanzamt davon etwas mitbekommt. Für das Finanzamt verliert sich dabei nahezu jede Spur über die Herkunft des Geldes – und einer eventuellen Steuerhinterziehung ist Tür und Tor geöffnet. Eine Chance, das Spiel zu durchschauen, bietet sich den

Beamten allenfalls dann, wenn der Erwerber des Kunstgegenstandes eine Versicherung abschließt und damit eine Spur hinterlässt, aber das kommt selten vor, da zu komplex.

Der Erbschaftsfall lässt manche Betroffenen also recht erfinderisch werden, um möglichst viel vom Ererbten behalten zu können. Dabei muss man doch einfach nur gute Ideen haben, um an Geld zu kommen.

Eine gute Idee reicht

Einer meiner Mandanten ist Privatier und hat sich diesen Status selbst erarbeitet. Seine Eltern starben früh und hinterließen ihm nur einen kleinen Betrag, den er aber geschickt zu mehren wusste. Seine Vermögensstrategie besteht darin, Immobilienobjekte zu kaufen, deren Erwerb kontra-intuitiv zu sein scheint. Erst letztes Jahr erwarb er zu einem Spottpreis eine Wohnung zentral in München.

In die Wohnung eingemietet ist eine Frau mit Messie-Syndrom. Bergehoch soll sich der Unrat stapeln. Mehrmals drohte ihr schon die Zwangsräumung, da durch die Berge aus Sperrmüll, Büchern und allerlei sonstigem Abfall in ihrer Wohnung die Statik des Hauses gefährdet war. Mein Mandant kann seine Mieterin aber nicht aus der Wohnung klagen. Als Messie ist sie de facto unkündbar. Allerdings überweist das Sozialamt pünktlich die Miete.

»Da hast du dir aber ein ganz schönes Ei gelegt!«, meinte ich zu ihm, als wir uns trafen.

»Wieso?«, gab er zurück.

»Mit der hast du doch nur Ärger. Wenn die aus irgendwelchen Gründen auszieht, kannst du alles neu machen lassen. Bad, Böden, und, und, und...«

Er winkte ab: »Im Grunde müsste man nach fast jedem Mieterwechsel das Bad und die Böden neu machen lassen. Da ist es vollkommen egal, ob die von einem Normalo halb- oder von einem Messie ganz heruntergehaust werden. Außerdem zahlt mir das Amt die Miete pünktlich. Das kann man von einigen anderen Mietern nicht behaupten, und letztlich wird mein Kapital mit knapp mehr als fünf Prozent verzinst. Wo krieg ich das heute schon?« Damit hatte er mehr als recht. Wer Märkte versteht, kann durchaus reich werden, ohne sich mit unlauteren Mitteln unnötigen Risiken auszusetzen. Trickreich muss man nur sein.

Bedauerlicherweise ist das auch eine Gabe so mancher Staatsbediensteter, und das leider oft zum Nachteil der Bürgerinnen und Bürger.

Die kriminelle Energie Deutschlands

Bis hierhin ging es in diesem Buch immer nur um die Steuerentstehungsseite – also die Steuerzahler und deren Tricks und Kniffe zum Minimieren der Steuerlast. Doch Steuern werden aus gutem Grund erhoben, um Kindergärten, Universitäten oder andere Aufgaben der öffentlichen Hand zu finanzieren. Doch nicht jeder Euro, den der Staat einnimmt, wird sinnvoll genutzt. Die Summen, die die öffentliche Hand verschleudert, sind immens. Beispiele lassen sich ohne Weiteres finden. Bekannt sind beispielsweise die sogenannten »So-da-Brücken«. Ohne Anbindung an eine Straße stehen sie in der Landschaft vollkommen unverbunden »einfach so da«. Manche von ihnen sind aus bautechnischen Gründen früher fertig als die sie verbindende Straße, manche von ihnen werden dann aber doch nicht angeschlossen und werden zu Investitionsruinen. Auch nach weiteren Fällen muss man nicht lange suchen: Der Bau des Landesarchivs NRW verteuert sich drastisch. Die Kosten für den Berliner Flughafen sind explodiert. Die Elbphilharmonie in Hamburg kostet das Zehnfache der ursprünglichen Planungen. Das sind aber nur die bekanntesten Projekte in Deutschland, für die Abermillionen aus dem Fenster geworfen wurden und werden. Der Bundesrechnungshof rügt regelmäßig die unsachgemäße Verwendung von Steuergeldern auch bei kleineren Projekten der Städte, Länder und Kommunen. Der Bund der Steuerzahler schlägt in dieselbe Kerbe. Jahr für Jahr erscheint sein Schwarzbuch, in dem unsinnige und verschwenderische Projekte der öffentlichen Hand aufgedeckt werden. Doch all das ist nirgends Thema. Die Parteien führen ihre Wahlkämpfe mit dem Versprechen, Reiche stärker zu besteuern und den Spitzensteuersatz zu erhöhen. Doch wenn man es sich genauer überlegt, ist das eigentlich gar nicht nötig. Eine effizientere Ausgabenpolitik würde die öffentlichen Kassen entlasten: Die Steuerverschwendung in der Bundesrepublik wird vom Bundesrechnungshof auf 25 Milliarden Euro pro Jahr geschätzt. Der Bund der Steuerzahler nennt seit einigen Jahren die Gesamthöhe der Verschwendung nicht mehr. Als er es aber noch getan hat, schätzte er den Schaden auf 30 Milliarden Euro jährlich. Eine Summe, die fast der jährlichen Zinsbelastung durch die Staatsverschuldung entspricht.

Doch Besserung scheint in Sicht: Ingolf Deubel, der ehemalige Finanzminister von Rheinland-Pfalz, wurde im April wegen Untreue zu dreieinhalb Jahren Haft verurteilt. Im Rahmen der Privatfinanzierung des Nürburgring-Ausbaus hatte Deubel die Aufgabe, private Investoren zu finden. Als dies nicht klappte, musste das Land Rheinland-Pfalz einspringen. Die Richter befanden ihn schuldig, im Rahmen der Investorensuche mehrere hunderttausend Euro veruntreut und zwölf Millionen Euro an Steuergeldern gefährdet zu haben. Wird das Urteil rechtskräftig, droht dem Minister eine Schadensersatzklage in Höhe der veruntreuten Summe durch das Land Rheinland-Pfalz. Infolge dieses Urteils wurden erste Stimmen laut, Steuerverschwendung genauso wie Steuerhinterziehung unter Strafe zu stellen. Das Urteil ist ein Lichtblick für die Zukunft, könnte doch ein Präzedenzfall geschaffen worden sein, der sich auf andere Großprojekte wie beispielsweise die Elbphilharmonie oder den Großflughafen BER in Berlin anwenden ließe. Bisher verhielt es sich immer so: Politiker, die wegen Veruntreuung angeklagt wurden, kamen mit einem Freispruch oder einer Bewährungsstrafe davon. Einen Haken gibt es dabei allerdings: Um einen Politiker der Steuerverschwendung zu überführen, müssen die Staatsanwaltschaften aktiv werden – was bisher nach Meinung einiger Experten nicht allzu häufig vorkam. Doch diese Skepsis ist vielleicht unbegründet: Die ersten Ermittlungsverfahren sind – wie etwa im Fall der Elbphilharmonie – bereits eingeleitet worden. Welche Ergebnisse sie bringen, bleibt abzuwarten.

Wer jetzt aber denkt, dass Steuerverschwendung nur auf hohem Niveau und mit drei- oder vierstelligen Millionensummen möglich ist, der braucht nur aus dem Fenster zu schauen. Vielleicht fahren da ein paar Jungs in Orange vorbei.

Die Jungs vom Bauhof

»Wie mich das ankotzt!« Mit diesen Worten und einer Box voller Belege stürmte mir mein Mandant entgegen. Ich wollte mal wieder bei einem Maurermeister im Betrieb vorbeischauen und hatte deshalb beschlossen, die monatliche Belegsammlung nicht bringen zu lassen, sondern abzuholen. Ohne mich groß zu Wort kommen zu lassen, erzählte er mir folgende Geschichte:

Seit einigen Monaten verhandelte er mit dem Bürgermeister der Gemeinde, in der sein Betrieb seinen Sitz hatte. Der Bürgermeister hatte ein Haus gebaut, und nun ging es darum, die Einfahrt zu pflastern. Es gingen mehrere Kostenvoranschläge hin und her, doch der Maurermeister war dem Bürgermeister immer zu teuer. Am Ende waren sie dann beinahe handelseinig, aber der Bürgermeister wollte den letzten Schritt dann doch nicht tun. »Und weißt du, was ich dann gesehen hab, als ich gestern aus Zufall bei ihm vorbeigefahren bin? Die Leute vom Bauhof!«

Der Bürgermeister hatte kurzerhand den Gemeindebauhof damit beauftragt, seine Einfahrt zu pflastern. Der Bauhof einer Gemeinde hat eigentlich die Sicherheit der Gemeindestraßen sicherzustellen, also Bäume zu fällen, die den Verkehr gefährden, oder die Straßenbegrenzungsmaterialien, Pfosten, Linien und Leitplanken in Schuss zu halten. Im Herbst müssen sie Laub von den Gehwegen entfernen, im Winter Schnee schippen – alles im Sinne und zum Wohle der Bürger einer Gemeinde. Binnen zweier Tage hatte ein Trupp aus Arbeitern in orangenen Anzügen die Pflastersteine in der Einfahrt des Bürgermeister verlegt, die Zwischenräume mit feinem Kies aufgefüllt und zuletzt noch die Einfahrt gesäubert. Doch das sollte nicht alles gewesen sein.

Im Anschluss an unser Gespräch fuhr ich, von der Neugier getrieben, am Anwesen des Bürgermeisters vorbei, wo ich einen Transporter mit Anhänger in der Einfahrt stehen sah. Drei Mitarbeiter des Bauhofs waren damit beschäftigt, Holz von der Ladefläche des Anhängers zu laden und unter dem Dachvorsprung aufzuschichten. Einige Kilometer später wusste ich auch, woher das Holz kam: Einige Kollegen vom Bauhof waren gerade dabei, ein kleines Ensemble von Bäumen am Rande der Gemeindestraße zu fällen und in kachelofengerechte Stücke zu schneiden. Dank der Männer vom Bauhof war der Bürgermeister also zu einer gepflasterten Einfahrt und einem ordentlichen Holzvorrat für den Winter gekommen.

Es passiert nicht so häufig, kommt aber doch immer wieder vor, dass durch Machtmissbrauch öffentliche Gelder verschwendet werden – in diesem Fall zum Nachteil eines Handwerkers. Dabei müssen nicht einmal Gemeinderessourcen wie etwa der

Bauhof zweckentfremdet werden. Es kann reichen, dass ein Auftrag an die Firma des Landrats geht.

Konkurrenzlos günstig

Gibt es in einer Gemeinde oder einem Landkreis ein Bauvorhaben, so muss dieses öffentlich ausgeschrieben werden, inzwischen sogar europaweit. Einer meiner Mandanten besitzt eine Straßenbaufirma und bewarb sich auf einen Auftrag aus einem der umliegenden Landkreise. Es ging um eine Umgehungsstraße, die um die Kreisstadt führen sollte. Als er alle nötigen Informationen zusammenhatte, erstellte er sein Angebot und reichte es bei der Landkreisverwaltung ein. Einige Monate später bekam er den Bescheid, dass seine Firma nicht den Zuschlag erhalten hatte. Bis der Bau begann, gingen wieder einige Monate ins Land. Als mein Mandant Verwandte besuchen wollte, kam er an der Baustelle vorbei und ihm wurde sofort klar, wieso er den Auftrag nicht bekommen hatte. Die Baufirma des Landrats hatte den Zuschlag bekommen. Zwar wurde sie inzwischen vom Sohn des Landrates geleitet, aber zu glauben, dass Vater und Sohn bei so einer Sache nicht miteinander reden, wäre doch sehr naiv. Im Landratsamt arbeitete auch eine Verwandte meines Mandanten, die sich um solche Bauvorhaben kümmerte. Das Angebot der landrätlichen Baufirma war als Letztes eingegangen – kurz vor Ende der Frist – und war natürlich das günstigste. Ein Schelm, wer Böses dabei denkt. Mein Mandant blieb an der Sache dran und erkundigte sich bei seiner Bekannten immer wieder nach dem Stand der Bauarbeiten, die stetig voranschritten. Das Projekt Umgehungsstraße hatte sich nach wenigen Monaten um fünf Prozent verteuert und würde – so die Schätzung – sieben oder acht Prozent über dem eingereichten Kostenvoranschlag liegen. In diesem Fall wäre mein Mandant dann doch die günstigere Option gewesen.

Wahlgeschenke

Einer meiner Mandanten, ein Schreiner, hatte ein sehr gutes Geschäftsjahr vorzuweisen. Der Umsatz war dank eines Großauftrags »durch die Decke gegangen«. Er erzählte mir, wieso: Er hatte in einem örtlichen Vereinsheim eine wunderschöne Holzdecke mit zahlreichen Verzierungen und Schnitzereien eingezogen. Ein Traum für jeden Schreiner, der sich dabei abseits des üblichen Schrank- und Einbaukücheneinerleis kreativ austoben kann. Gezahlt wurde die Decke von der Gemeinde – teilweise aus dem Kulturhaushalt. Der Hintergrund war folgender: Das Vereinsheim befand sich in einer der größten Ortschaften der Gemeinde. Da der Kommunalwahlkampf näherrückte und die Opposition einen starken Gegenkandidaten zu bieten hatte, der es gekonnt verstand, die Verfehlungen des Bürgermeisters herauszustellen, versuchte der Amtsinhaber mit allen Mitteln dagegenzuhalten. »Wahlgeschenke« gibt es eben auch auf kommunaler Ebene. Aus Mitteln des Gemeindehaushalts erhielt das Vereinswesen des Ortes nun breite Unterstützung. Nie waren so viele Fußbälle, Trikots und Instandhaltungsarbeiten an Sportstätten in der Gemeinde durchgeführt worden wie unter diesem Bürgermeister. Die Idee für die Holzdecke war von einer Bürgerin gekommen, die der Bürgermeister für besonders einflussreich hielt. Genützt hat es ihm nichts. Seine Hoffnung, dadurch wiedergewählt zu werden, wurde enttäuscht. Sein Konkurrent holte gleich im ersten Wahlgang mehr als sechzig Prozent der Stimmen, und er war aus dem Rennen.

Darf's ein bisschen mehr sein?

Neben der fachlichen Kompetenz ist Networking eine der Säulen, auf die ein Steuerberater sein Geschäft baut. Im Grunde ist das keine neue Erkenntnis. Um meine Steuerberatungsgesellschaft sichtbar zu machen, versuche ich vor allem, an Multiplikatoren zu kommen – Personen, die wiederum mit vielen für mich nützlichen Kontakten in Verbindung stehen. Die Wirtschaftsförderer der umliegenden Städte, Gemeinden und Landkreise sind dafür kompetente Ansprechpartner. Neu gegründete oder sich neu am Ort ansiedelnde Unternehmen suchen oftmals nach einem Vertreter für ihre steuerlichen Angelegenheiten. Da die Wirtschaftsförderer ihnen als Ansprechpartner dienen, fällt in diesem Kontext hin und wieder mein Name. So kam es, dass ich zu einer illustren Runde in privatem Rahmen eingeladen war. Einer der Wirtschaftsförderer der umliegenden Kreisstädte veranstaltete ein Abendessen bei sich zuhause. Während er sein Haus und seine Kochkünste zur Verfügung stellte, sponserte der Landkreis die Zutaten für das Abendessen sowie die reichhaltige Auswahl an Getränken. Eine Veranstaltung, die in dieser Form Tradition zu haben schien. Mit mir am Tisch saßen einige Unternehmer, zwei Rechtsanwälte, die sich auf diese Weise ebenfalls ins Gespräch brachten, und der Chef einer lokalen Werbeagentur. Der Abend war wirklich gelungen: Das Essen schmeckte hervorragend, man unterhielt sich bestens, und ich konnte mit einigen potenziellen Mandanten ins Gespräch kommen. Als wir mit dem Essen fertig waren, wurden wir in den Nebenraum gebeten. Der Abend sollte bei einem guten Wein ausklingen. Mehrere hochpreisige Tropfen wurden kredenzt. Als ich mich ans Gehen machte, wollte ich mich erkundigen, woher der Wirtschaftsförderer seine Weine bezog. Ich war von einem Weißwein sehr angetan und hätte ihn mir gerne bestellt. Er führte mich in den Keller und zog aus einer der Schachteln eine Flasche, die ich mitnehmen konnte. Sozusagen als Geschenk des Landkreises. Ich deutete auf die Kisten, vier an der Zahl, und fragte, ob er Abende wie diesen regelmäßiger veranstalten würde. Zweimal im Jahr, war die Antwort. Dafür sei das alles aber ein teurer Einkauf, meinte ich mit Blick auf die Menge Wein. »Man weiß nie, was an solchen Abenden vertrunken wird«, antwortete der Wirtschaftsförderer. Wenn etwas übrig bleibe – was schon mal vorkomme –, opfere er sich sozusagen, damit der Wein nicht verderbe. So war er das gesamte Jahr über mit hervorragendem Wein eingedeckt – darunter etliche Bordeaux- und andere hochpreisige Weine. Im kommenden Jahr würde er das Weinbudget für das Unternehmer-Dinner nicht ganz so stark strapazieren, um sich im Jahr darauf eine Flasche Pétrus – für um die viertausend Euro – leisten zu können.

Wenn Sie bis hierher gelesen haben, wird Ihnen klar sein, warum der Bund der Steuerzahler den jährlichen Schaden durch Steuerverschwendung auf 30 Milliarden Euro schätzt. Dazu kommt jedes Jahr ein Schaden von bis zu 65 Milliarden, der durch Schwarzarbeit und Steuerhinterziehung entsteht. Diese Zahl bringt der Wirtschaftswissenschaftler Friedrich Schneider ins Spiel. Seinen Berechnungen zufolge entgehen dem Staat durch Schwarzarbeit 35 Milliarden an Sozialabgaben und 15 Milliarden an Steuern – und durch ins Ausland verschobene Vermögen nochmal 10 bis 15 Milliarden an Steuern.

Das elfte Gebot im Wandel

Wenn der Staat es nicht schafft, zukünftig besser für eine korrekte Durchsetzung seiner gesetzlich legitimierten Ansprüche zu sorgen, wird er langfristig seinen Aufgaben nicht gerecht werden können. Die durch die Staatsverschuldung entstehenden Zinsen belasten mit knapp 31 Milliarden Euro jährlich den Staatshaushalt. Die Zinszahlungen des Bundes sind zwar in den Jahren seit der Finanzkrise gesunken, da die Zinsen für Kredite gesunken sind, doch die Staatsverschuldung hat sich in diesem Zeitraum im Zuge der Finanzkrise rasant erhöht. Steigen irgendwann in der Zukunft wieder die Zinsen, werden auch die Zinszahlungen des Bundes wieder teurer werden. Eine Situation, der nur durch eine Erhöhung der Steuern oder durch Kürzungen im Haushalt begegnet werden kann. Steigt die Steuerlast, verringert sich tendenziell die Motivation der Bürger, ehrlich ihre Einnahmen zu deklarieren. Das Risiko für Steuerhinterzieher, erwischt zu werden, wird gleichzeitig immer geringer – auch, weil Kürzungen in den öffentlichen Haushalten mit Stellenabbau einhergehen, und wo Finanzbeamte fehlen, wird weniger kontrolliert.

Dabei ist die Rechnung eigentlich so leicht. Jeder Betriebsprüfer versorgt den Staat im Schnitt mit 1,6 Millionen Euro an Mehreinnahmen. Wie am Ende des vorherigen Kapitels beschrieben, entgehen dem Staat durch Schwarzarbeit und ins Ausland verschobene Vermögen 25 bis 30 Milliarden Euro.

Rein theoretisch müsste man also knapp 19 000 Finanzbeamte einstellen, um der Steuerhinterziehung Herr zu werden. Würde man das deutsche Steuersystem zusätzlich verschlanken und transparenter machen, ließe sich die Zahl der benötigten Betriebsprüfer deutlich senken.

Doch einer Einstellungswelle von Finanzbeamten stehen politische Realitäten entgegen: Wie schon einmal erwähnt, gehen die Steuereinnahmen gemäß dem Verteilerschlüssel annähernd zur Hälfte an den Bund. Die Ausstattung der Finanzämter erfolgt aber von Seiten der Länder. Zwar gelangt an den Bund ausgezahltes Geld teilweise durch den Finanzausgleich wieder zu den Ländern – aber ihr Interesse ist dennoch verhältnismäßig gering, die klammen Haushalte durch Neueinstellungen und weitere Pensionsrückstellungen zu belasten.

Die Voraussetzungen für das, was man spaßhaft als das »elfte Gebot« bezeichnet – »Du sollst dich nicht erwischen lassen« –, waren im Prinzip selten so gut wie heute.

Doch letztlich muss sich diese Situation ändern. Die Art und Weise, wie wir das Thema »Steuern« behandeln, entscheidet – so pathetisch das klingen mag – über unsere Zukunft. Die Höhe der Staatsverschuldung beträgt zum jetzigen Zeitpunkt über zwei Billionen, also zweitausend Milliarden Euro.

Lässt man sich auf ein Gedankenspiel ein und geht im Jahr von 30 Milliarden Euro an hinterzogenen Steuern sowie der Vorstellung aus, alle Deutschen würden freiwillig ihre Steuern in der korrekten Höhe bezahlen, ließe sich die Staatsverschuldung innerhalb von knapp 67 Jahren auf null reduzieren. Dabei habe ich bei dieser Rechnung die Sozialabgaben, die dem Staat durch Schwarzarbeit entgehen, noch vollkommen unterschlagen. Würden auch hier die Beiträge korrekt gezahlt, würden sich die Kassen der Sozialversicherungen von alleine tragen – eine Querfinanzierung durch die öffentlichen Haushalte wäre nicht mehr nötig. Politiker sprechen immer davon, dass spätere Generationen durch den deutschen »Schuldenberg« nicht belastet werden dürfen. Tatsächlich ließe sich das Problem innerhalb fast *zweier* Generationen lösen. Die Vorteile wären immens: Man könnte die Steuern senken, den erwirtschafteten Überschuss dazu nutzen, Deutschland zu einem attraktiven Unternehmensstandort auszubauen, und dringend benötigte Investitionen in Bildung, Forschung und Wissenschaft tätigen. Auch die in jüngerer Zeit immer wieder gesenkten Kulturetats könnte man wieder aufstocken. Ein wahrlich traumhafter Idealzustand.

Das ist auch dem Staat bewusst. Als ich letzte Woche in meine Kanzlei kam, teilte mir meine Angestellte erstaunt mit, dass einer meiner Mandanten für die letzten zehn Jahre mit sechzigtausend Euro nachveranlagt wurde. Durch eine Recherche bei einer Schweizer Bank hatte das Finanzamt ein Konto entdeckt, von dem mein Mandant mir nie etwas erzählt hatte. Diese Episode macht deutlich, dass es über kurz oder lang tendenziell keine geheimen Konten mehr geben wird, weder in der Schweiz noch in Liechtenstein. Es bleibt zu hoffen, dass auch alle anderen Steueroasen weltweit über kurz oder lang dazu gezwungen werden, mit offenen Karten zu spielen. Kein Staat kann es sich mehr leisten, mehr oder minder freiwillig auf Steuereinnahmen zu verzichten.

Das elfte Gebot wird in Zukunft deshalb anders lauten müssen: »Du sollst für deine berechtigten Interessen kämpfen.« Steuern zu zahlen ist wichtig! Jeder Einzelne von uns profitiert von Straßen, Kindergärten und der Versorgung mit Strom und Wasser. Jedes Unternehmen profitiert von der Infrastruktur, von Subventionen und öffentlichen Bildungseinrichtungen wie Berufsschulen oder Universitäten. Doch jeder Steuerpflichtige – egal ob Single-Haushalt oder Aktiengesellschaft – muss seine wirtschaftliche Leistungsfähigkeit bewahren. Und diese wird vor allem in Geld beziffert. Streitigkeiten mit den Finanzbehörden werden deshalb im Tauziehen um eine gerechte Besteuerung nicht unterbleiben – und da wird schon mal mit harten Bandagen gekämpft. Solche Auseinandersetzungen können Sie alleine führen, doch je komplexer Ihr Unternehmen ist, desto eher brauchen Sie einen starken Partner, der sich für Sie die Boxhandschuhe anzieht, in den Ring steigt und Kämpfe gewinnt, die Sie verloren glaubten. Nur dann können Sie Ihre Kräfte auf das konzentrieren, was Sie begeistert und womit Sie täglich erfolgreich sind.

In diesem Sinne: Zahlen Sie Ihre Steuern – aber zahlen Sie nicht drauf.